Zacharias Heyes



# Bei mir selbst zu Hause sein

## Vom guten Umgang mit Leib und Seele

*Vier-Türme-Verlag*

**Bibliografische Information der Deutschen Nationalbibliothek**

Die Deutsche Nationalbibliothek verzeichnet diese Publikation in der Deutschen Nationalbibliografie. Detaillierte bibliografische Daten sind im Internet über http://dnb.d-nb.de abrufbar.

in Deutschland produziert

Ohne Folie
Für unsere Umwelt

3. Auflage 2021


Lektorat: Marlene Fritsch
Umschlagfoto: jala / photocase.com
Umschlaggestaltung: wunderlichundweigand, Stefan Weigand
ISBN 978-3-89680-993-3

*www.vier-tuerme-verlag.de*

# Inhalt

# »Wo wohnst du?« – Eine Einführung

»Wo gehst du hin, wenn du sagst, du gehst nach Hause?« Mit diesem Satz wirbt das Residenztheater München für die Spielsaison 2014/2015. Als ich ihn las, fragte ich mich: Warum wirbt ein Theater mit einer solchen Frage? Indirekt klingt doch durch: Wenn du zu Hause sein willst, dann geh ins Theater. Oder: Wenn du ins Theater gehst, kommst du nach Hause. Und im Nachdenken darüber erschien es mir durchaus logisch und nachvollziehbar: Wenn man ins Theater geht, tut man dies in der Regel nicht allein. Man nimmt die Familie mit, den Partner, die Partnerin, gute Freunde. Man trifft sich einige Zeit früher, trinkt einen Aperitif, genießt einen entspannten Abend, fühlt sich wohl. Nach der Aufführung bleibt man noch einige Zeit mit den Freunden zusammen und lässt den Abend mit einem Essen oder einem guten Glas Wein ausklingen. Das alles trifft dann wohl auch auf das zu, was man in erster Linie unter »Zuhause« versteht: ein Ort, an dem man mit der Familie, mit dem Partner zusammen ist, wohin man Freunde einlädt und wo man mit ihnen kurzweilige Stunden verbringt. Hier ist man – egal, wie es einem gerade geht – nicht allein und fühlt sich getragen und aufgehoben.

Kurzum: Man lässt den Alltag hinter sich, vergisst seine Sorgen und ist im Kreis von lieben Menschen aufgehoben.

Aber auch folgende Szene kam mir in den Sinn, als ich die Frage las, wo man denn hingehe, wenn man nach Hause geht: endlich Ruhe. Nach einem anstrengenden Tag ist die Arbeit erledigt, die Kinder versorgt. Bevor der Tag endet, hat man noch eine Zeit für sich. Man schaltet ab, macht es sich bequem, sitzt in seiner Lieblingsecke, hängt seinen Gedanken nach, liest ein gutes Buch, lässt den Tag Revue passieren – kurzum: Man ist ganz für sich und ganz bei sich.

Sie, liebe Leserin und lieber Leser, werden alle Ihre eigenen Gedanken, Gefühle, Erfahrungen und Assoziationen zur obigen Frage haben und zu den meinigen Antworten und Ideen dazulegen können. Vielleicht kommen Ihnen auch Erinnerungen an Ihre Kindheit: der Duft von frisch gebackenem Kuchen, der durchs Haus zieht, die Glocken, die am Sonntag läuten, die Kühe auf der Weide, das Spielen im Garten, auf dem Rasen, auf dem Fußballplatz ...

Jesus wird einmal eine ähnliche Frage gestellt. Ihn fragt einer seiner Jünger: »Wo wohnst du?« Man könnte diese Frage auch übersetzen mit: »Wo bist du zu Hause?« Und Jesus gibt eine überraschende Antwort: »Komm und sieh!« Er antwortet also nicht mit einer Adresse. Stattdessen lädt er die, die ihn fragen, ein, mit ihm zu gehen und zu schauen, wo er wohnt. Er lädt sie – sozusagen – auf eine Entdeckungstour ein. Dabei werden seine Begleiter Erstaunliches entdeckt haben: kein repräsentatives Haus, keine Frau und keine Familie; stattdessen Sätze wie dieser: »Ich habe keinen Ort, wo ich mein Haupt hinlegen kann!«

Das aber genau ist doch – von den obigen Gedanken ausgehend – die Charakterisierung eines Zuhauses: Der Mensch weiß, wo sein Bett steht, wo er sich wohlfühlt, wo er entspannen kann, wo er sich zurückziehen kann, wo liebe Menschen ihm Geborgenheit schenken.

Mit der Zeit werden die Jünger gelernt haben, dass Jesus eigentlich nur ein Zuhause hatte: Gott, seinen Vater. Ihn nannte er liebevoll »Abba« – Papa. Ihn entdeckte Jesus jedoch überall: in allen Menschen, in der Natur, im einsamen Gebet auf einem Berg in der Nacht. Er wusste, dass Gott in ihm ist und er in ihm. Jesus war also sozusagen bei sich zu Hause – er ruhte in sich selbst, in der liebevollen Beziehung zu Gott. Und eigentlich ist es genau das, was wir uns auch für uns selbst wünschen: in uns zu ruhen, ein Zuhause in uns selbst zu finden, egal, wie stürmisch die Zeiten um uns herum sind.

Doch so vieles bringt uns oft aus dem Gleichgewicht, zeigt uns jeden Tag, wie fragil unser Leben, unser »Zuhause« ist. Viele Menschen teilen daher heute eher die Erfahrung, von der Jesus spricht: Sie wissen zwar, wo sie ihr Haupt hinlegen sollen am Abend, aber manchmal müssen sie beim Aufwachen überlegen, in welcher Stadt sie sich gerade befinden, wem das Bett gehört, in dem sie liegen. Sie sind häufig unterwegs – und fühlen sich im wahrsten Sinn des Wortes unbehaust. Der Grund dafür liegt zum einen darin, dass in der Berufswelt eine große Flexibilität von ihnen erwartet wird. Diese kann häufige Umzüge und Ortswechsel mit sich bringen, aber auch viele Geschäftsreisen um den ganzen Erdball, wobei es dann wirklich kaum noch eine Rolle spielt, ob man in Hamburg oder Hongkong im Hotel aufwacht. Zum anderen sind es variierende und (über-)lange Arbeitszeiten, die dem eigenen Leben einen verlässlichen Rhythmus rauben. Auch das hindert daran, an einem Ort, im Augenblick anzukommen und zu leben. Aus dieser Unbehaustheit entsteht daher für viele das Gefühl von Heimatlosigkeit. Häufiges Unterwegssein nimmt einem Menschen die Möglichkeit, an einem Ort Wurzeln zu schlagen, verlässliche Freundschaften und Beziehungen einzugehen und sich somit auch emotional zu beheimaten.

Als Notfallseelsorger erfahre ich immer wieder, wie schnell ein Mensch in eine emotionale Krise geraten kann, wie schnell in einem Leben von der einen auf die andere Minute nichts mehr ist, wie es war, und alle emotionale Sicherheit wegbricht.

Ein weiterer Punkt, der dazu beiträgt, dass Menschen nirgendwo anzukommen scheinen, sind Fernbeziehungen, die aufgrund der genannten Flexibilität notwendig werden. Liebe zwischen Würzburg und Berlin – dabei bleibt so mancher und so manches auf der Strecke. Wie soll in einer solchen Konstellation zum Beispiel die Gründung einer Familie funktionieren? Sicher gibt es Gegenbeispiele – aber die meisten Paare leiden nach einiger Zeit unter der Trennung und dem fehlenden gemeinsamen Zuhause.

Dazu kommt, dass viele »klassische« Orte und Strukturen, die Menschen mit »Heimat« oder »zu Hause sein« verbinden, in unserer Zeit und Gesellschaft wegfallen. Zu diesen Orten, die früher selbstverständlich zum Leben dazugehörten und sowohl Halt als auch Identität und somit Heimat boten, gehört die klassische Dorfstruktur. In der Dorfgemeinschaft fand derjenige, der es wollte, eine verlässliche Gemeinschaft. Hier hielt man zusammen und man half sich gegenseitig. Man feierte Feste zusammen und Beerdigungen, teilte Freud und Leid. Auch die Zuständigkeiten waren eindeutig geregelt: Es war klar, was zu tun ist und woran man sich zu halten hatte.

Das galt vor allem in den Vereinen. Auch hier fanden viele Menschen eine Heimat, weil sie durch ihr Engagement zur Gemeinschaft dazugehörten, wertgeschätzt wurden und eine sinnvolle Tätigkeit ausübten, sei es in der Feuerwehr, im Schützen- oder Sportverein, in der Frauengemeinschaft oder im Lesezirkel. Die Strukturen dieser Vereinigungen waren relativ starr und unumstößlich, was aber viele Jahrzehnte auch garantierte, dass das gemeinschaftliche Leben gelang. Dazuzugehören und sich in einem dieser Klubs zu engagieren, war selbstverständlich. Jeder reihte sich ein, nahm seinen Platz ein und wusste, wo er zu Hause ist.

Das hat jedoch auch eine Rückseite: Es bedeutet, selbst verbindlich zu sein, zu dem zu stehen, was und wer ich bin, wo ich zu Hause bin, wer auf der anderen Seite auf mich zählen kann, wenn er mich braucht. Vielen jungen Menschen fällt es heute schwer, feste Bindungen einzugehen und sich verlässlich in eine Gemeinschaft einzufügen. Verabredungen und Termine werden kurzfristig über die sozialen Netzwerke getroffen – und ebenso kurzfristig wie häufig wieder abgesagt. Verbindlichkeit ist jedoch auch zunehmend für die älteren Generationen ein Problem. Sich auf etwas ganz und gar einzulassen, etwas wirklich zuzusagen und sich dann daran zu halten, bringt Einschränkungen mit sich, bedeutet, dass andere Möglichkeiten nicht genutzt werden können, andere Optionen wegfallen.

Für viele Menschen war immer auch die Kirche beziehungsweise der Glaube ein solcher Ort von Heimat, ein Ort, an dem der Glaube gelebt und gestaltet wurde. Kirche hat den großen Vorteil, dass sie überall auf der Welt vertreten ist und man, egal, wo man ist, zumindest den Ablauf eines Gottesdienstes kennt und man sich darin in der Fremde, im Unterwegs-Sein aufgehoben fühlen kann.

Aber auch diese Beheimatung geht vielen Menschen heute verloren. Nicht nur, dass immer mehr Großgemeinden entstehen und viele »ihren« Priester vor Ort vermissen. Viele fühlen sich auch mit ihrer Lebensweise von ihrer Kirche nicht akzeptiert, zum Beispiel Menschen, die geschieden und wieder verheiratet sind, oder Homosexuelle. Auch wenn ihnen von der Kirche eine grundsätzliche Akzeptanz entgegengebracht wird, so fühlen sie sich doch ausgegrenzt, weil sie entweder nicht die Sakramente empfangen dürfen oder nicht so lieben dürfen wie es für sie richtig ist. Diese und viele andere Menschen empfinden Kirche als veraltet und trauen ihr nicht zu, wirklich tragfähige Antworten für ihr Leben zu geben.

Wenn Jesus seine Jünger einlädt, mit ihm zu gehen und zu sehen, wo er wohnt, dann nimmt er sie immer wieder auch mit an einen ruhigen Ort, an dem sie ausruhen können. Und auch er selbst zieht sich immer wieder in die Einsamkeit zurück, um bei seinem Gott zu verweilen.

Dieses Buch möchte Sie, liebe Leserin, lieber Leser, auf diese Entdeckungstour einladen, auf die auch Jesus seine Jünger mitgenommen hat. Es möchte Ihnen Wege aufzeigen, wie Sie für Ihre eigene Seele sorgen können – dafür, dass es Ihnen und Ihrer Seele gutgeht, dass Sie sich verlässlich aufgehoben fühlen, dass Sie bei sich selbst zu Hause sind und sein können.

Sie sind eingeladen, sich wie Jesus in der liebevollen Beziehung in Gott zu beheimaten und damit in sich selbst Ruhe, Heimat und Geborgenheit zu finden, zugleich aber auch aus dieser Stabilität neu lebendig zu werden, neu Ihre Würde als in das Leben Gottes hineingenommener Mensch zu entdecken, zu leben und zu gestalten.

Um dies auch gleich in Ihren Alltag mit hineinnehmen und umsetzen zu können, möchte ich Ihnen im Folgenden am Ende einiger Abschnitte praktische Übungen anbieten. Damit haben Sie verschiedene Möglichkeiten, das Buch zu nutzen: Sie können es zunächst durchlesen und sich dann entscheiden, welche Übungen Sie wann einmal ausprobieren möchten. Oder Sie suchen sich gezielt Themen heraus, die Sie gerade besonders ansprechen, und fangen somit einfach mit dem an, was Sie am meisten interessiert.

Ich wünsche Ihnen eine anregende und bereichernde Lektüre, die Sie – so hoffe ich – bei sich selbst zu Hause sein und ankommen lässt.

*Ihr*
*P. Zacharias Heyes*

# Wo Gott zu Hause ist

## Unterwegs mit Gott – biblische Quellen

Eine der ersten Fragen, die Kinder in Bezug auf Gott stellen, ist wohl: »Wo wohnt Gott?« Und wir sagen dann oft beinahe reflexhaft: »Im Himmel.« Kinder geben sich aber gewöhnlich mit so etwas nicht zufrieden. Sie fragen weiter: »Wo ist denn dieser Himmel?« Und spätestens, wenn es ans Wunschzettelschreiben ans Christkind geht, fragen sie dann weiter nach der genauen Adresse – schließlich weiß ja auch von uns jeder, wie die Straße und der Ort heißen, in dem er wohnt.

Dieses Problem, wo Gott denn wohnt, wo man ihn denn suchen beziehungsweise besuchen kann, beschäftigt die Menschen aber nicht erst seit heute. Als der erste Mensch von seiner Reise zum Mond zurückkam, soll er gesagt haben, dass er sehr genau geschaut habe, aber Gott nirgends entdecken konnte. Und wenn in einem Gottesdienst am Ende der Segen gesprochen wird, ist oft noch der einleitende Satz zu hören: »Lasst uns den Segen Gottes auf uns herabrufen.« Für mich entsteht der Eindruck, dass in der Wahrnehmung des Menschen Gott noch immer im Himmel, irgendwo »da oben« wohnt. Doch auch Jesus spricht immer wieder von seinem Vater »im Himmel«.

Die englische Sprache kann dabei vielleicht weiterhelfen. Sie kennt hier zwei unterschiedliche Wörter: »sky« für den Himmel, den der Mensch über sich als blau-weißes Gebilde sieht, und »heaven« als Bezeichnung für den Wohnort Gottes. Damit wird deutlich, dass Himmel als Wohnort Gottes eben nicht identisch ist mit der eher geografischen Bezeichnung, sondern als Ort nicht zu benennen ist, eher sogar als »Kein-Ort« zu bezeichnen wäre.

Schaut man dazu einmal in der Bibel nach, so fällt auf, dass Gott selbst sich dort in keinster Weise festlegt, wo er zu finden und wo sein Wohnort ist – oder dass er vielmehr überall zu Hause ist.

Das kann man bereits in der Schöpfungserzählung entdecken. Dort heißt es: »Dann sprach Gott: ›Lasst uns Menschen machen als unser Abbild, uns ähnlich‹« (Genesis 1,26). Der Mensch ist das Abbild Gottes. Er schenkt dem Menschen mit der Erde, die er erschaffen hat, einen Lebensraum, ein Zuhause, in dem er sein Dasein kreativ gestalten kann. Zudem erschafft er den Menschen als Mann und Frau, damit beide nicht alleine sein müssen. Und auch Gott will nicht alleine sein. Er will im Menschen einen Partner haben, mit dem er in Beziehung treten kann. Er möchte in ihm sein Ebenbild, sein Abbild erblicken, in dem er zu Hause sein kann, in dem sich aber auch der andere, der Partner, der Mitmensch, zu Hause fühlen kann. Hier, beim anderen Menschen, bei Gott, kann er so sein, wie er ist, braucht er sich nicht zu verstellen, kann er ganz er selbst sein und in sich ruhen.

Dem Urvater des Glaubens, Abraham, verheißt Gott Nachkommen, die so zahlreich sein werden wie die Sterne des Himmels. Er führt ihn heraus aus seiner alten Heimat, hinein in ein neues Land (Genesis 12). Abraham ist 75 Jahre alt, als er sich auf den Weg macht, aus seiner alten Heimat heraus in ein neues Land. Alles ihm Bekannte lässt er hinter sich und geht mit seiner Familie einen neuen Weg. Dabei weiß er sich von Gott begleitet und von ihm getragen. Trotz des Aufbruchs und der äußeren geografischen Heimatlosigkeit ist er zu Hause – bei denen, die ihn lieben, und bei dem Gott, der ihn liebt. Sich so getragen zu wissen in allen Auf- und Umbrüchen des Lebens kann eine innere Ruhe schenken – weil Gott da ist.

Dieses Da-Sein Gottes für den Menschen, sein Mit-Sein zieht sich durch die ganze Bibel hindurch. Und wird vielleicht am deutlichsten an der Geschichte, die Mose mit seinem Gott erlebt. Die Erzählung vom brennenden Dornbusch im Alten Testament (Exodus 3) macht deutlich, dass Gott sich sogar im unscheinbaren Busch verbergen kann. Mose, der den Auftrag erhält, sein Volk aus der Sklaverei in Ägypten in die Freiheit zu führen, begegnet Gott in einem brennenden Dornstrauch. Hier offenbart Gott seinen Namen: »Ich-bin-da« (Exodus 3,14).

Im Letzten ist es aber wohl eine Frage der Wahrnehmung, ob man Gott auch tatsächlich dort entdeckt, wo er sich zeigt – oder auch versteckt. Das heißt: Mit welchem Blick schaue ich auf die Wirklichkeit, die mir begegnet? Sehe ich »nur« das wirklich Sichtbare, also das, was ich mit meinen Augen objektiv erkennen und mit Worten beschreiben kann?

Die englische Dichterin Elisabeth Barret-Browning hat es einmal so beschrieben:

»Die Erde ist mit Himmel vollgepackt,
und jeder gewöhnliche Busch brennt mit Gott –
aber nur der, der es sieht, zieht die Schuhe aus.
Die anderen sitzen herum und pflücken Brombeeren.«

Mose zieht am brennenden Dornbusch seine Schuhe aus. Gott gibt ihm dazu den Auftrag: »Komm nicht näher heran. Leg deine Schuhe ab; denn der Ort, an dem du stehst, ist heiliger Boden« (Exodus 3,5). »Heiliger Boden« meint nichts anderes, als dass Gott gegenwärtig ist. Er ist da. Wenn Mose seine Schuhe ausziehen soll, so ist dies zum einen ein Zeichen seiner Ehrfurcht und seines Respektes gegenüber Gott. Zum anderen heißt es auch: Mose darf diesen Gott barfuß spüren, er darf diese Erde, diesen Flecken Erde, an dem Gott da ist, spüren, wahrnehmen, genießen. Barfuß zu gehen ist eine wunderbare Erfahrung. Und die Schuhe auszuziehen hat ja auch etwas mit dem

Gefühl von Zuhausesein zu tun: Die Wohnungstür öffnen, die Berufskleidung und die Schuhe ablegen – das ist Zuhause. Mose spürt demnach, dass dieser Gott in Beziehung zu ihm tritt, dass er ihm wohlgesonnen ist und, wie es der Name schon ausdrückt, da ist – egal, wo Mose sich gerade aufhält. Kein Ort, nicht einmal der einfache Busch, ist ihm zu »einfach«, um dort präsent zu sein. Gott ist somit Moses Zuhause.

Mose erhält an diesem brennenden Dornbusch von Gott den Auftrag, das versklavte Volk Israel in die Freiheit zu führen. Die Israeliten sollen in ihrem eigenen Land Wohnung und Heimat bekommen. Mose braucht einige Zeit, um diese Aufgabe zu begreifen und anzunehmen. Er fragt sich zunächst: Warum gerade ich? Immer wieder fallen ihm Argumente ein, warum er ungeeignet sei für diese Aufgabe. Gott kommt ihm aber entgegen und stellt ihm seinen Bruder Aaron zur Seite, weil dieser besser vor dem Pharao reden könne als Mose, um das Volk freizubekommen. So kann Mose einwilligen.

Der Weg, den Mose dann beginnt, wird kein einfacher Weg für ihn. Immer wieder ist sein Volk widerspenstig, widerspricht ihm, will ihm nicht folgen, sondern lieber zurück an die Fleischtöpfe Ägyptens statt weiter durch die Wüste zu ziehen. Mose wird zum Mittler zwischen Gott und seinem Volk.

Als er auf den Berg Sinai steigt, um dort die Zehn Gebote zu empfangen, und dabei für das Empfinden seines Volkes zu lange dort oben bleibt, beginnen die Israeliten, die am Fuße des Berges warten, sich ein goldenes Kalb zu erschaffen und dieses anzubeten. Als Mose hinabkommt und dies sieht, wird er zornig. Trotzdem steigt er noch einmal auf den Berg, um mit Gott zu reden und um Gnade für sein Volk zu erbitten. Mose tritt immer wieder für sein Volk ein und hält durch. Er lässt nicht mehr ab von diesem Gott, der ihm am Dornbusch gezeigt hat, dass er eigentlich brennende Leidenschaft ist. Mose stirbt kurz vor Erreichen des Zieles und sein Nachfolger Josua führt das Volk schließlich in das verheißene Land. Gott lässt andererseits auch nicht ab von Mose und seinem Volk – und von seiner Absicht, diesem seinem Volk Heimat und Geborgenheit zu schenken.

Vierzig Jahre – so erzählt es die Bibel – dauert dieser Zug durch die Wüste. Und seit der Begegnung Moses mit Gott auf dem Berg Horeb tragen die Israeliten die sogenannte Bundeslade mit sich. Sie enthält die Gesetzestafeln mit den Zehn Geboten, die Mose von Gott erhalten hatte. Diese Lade ist schon ihrem Namen nach für das Volk Israel der Garant, dass Gott mit ihnen unterwegs ist. Und zugleich ist sie auch der Garant für die Verheißung, dass sie im eigenen Land in Freiheit leben werden – unter der Führung Gottes und seinen Geboten. Das Wort »Gebote« löst schnell das Gefühl aus, es gehe hier um Vorschriften und deren Einhaltung. Menschen fühlen sich dann in ihrer persönlichen Freiheit beschränkt. Die Zehn Gebote wollten ursprünglich aber genau das Gegenteil, nämlich ein gutes Zusammenleben im neuen Land ermöglichen, ein Miteinander gestalten, sodass jeder gut leben kann. In der deutschen Übersetzung beginnen diese Gebote oft mit den Worten: »Du sollst« oder »Du sollst nicht«. Eigentlich aber müsste man wörtlich übertragen sagen: »Du wirst« beziehungsweise »Du wirst nicht«. Es geht also nicht so sehr um Gebot und Verbot, sondern vielmehr um eine Verheißung, um die Ermöglichung von Zukunft und Leben.

Nach ihrer Ankunft im eigenen Land bauen die Israeliten Gott einen Tempel. Er wird zum Aufbewahrungsort für die Bundeslade und somit über lange Zeit hinweg das Zeichen der Gegenwart Gottes – mitten in seinem Volk. Dieser Tempel macht jetzt deutlich: Gott ist unter uns. Er hat uns herausgeführt aus Ägypten, er hat uns Gebote für unser Zusammenleben im neuen Land geschenkt, er begleitet uns, er bleibt bei uns. Er wohnt mitten unter uns.

Doch diese Sicherheit blieb den Israeliten nicht lange erhalten: Mit der Eroberung Jerusalems und Judäas durch Nebukadnezar II. wurde ein großer Teil der Bevölkerung, vor allem die Führungs- und Mittelschicht der Gesellschaft, nach Babylon ins Exil entführt, der Tempel zerstört. Angesichts dieser gravierenden Veränderungen gelangten die Israeliten langsam zu der Überzeugung, die Mose bereits aus seiner Erfahrung am brennenden Dornbusch kannte: Die Gegenwart Gottes ist nicht an den Tempel beziehungsweise die Bundeslade geknüpft, denn sie spürten noch immer, dass Gott sie begleitete und weiterhin bei ihnen war – auch im Exil, auch ohne den Tempel, in dem sie zu ihm beteten. Der inzwischen verstorbene Münsteraner Professor für Altes Testament, Erich Zenger, hat in seiner Übersetzung des Gottesnamens »Jahwe« sowohl auf die Unbegrenztheit Gottes hingewiesen als auch auf seine Unverfügbarkeit. Die Unbegrenztheit beschreibt er mit folgender Übersetzung von »Jahwe«: »Ich bin so bei euch da, dass mein Nahe-Sein keine örtlichen, institutionellen und zeitlichen Grenzen kennt. Wenn ich bei euch da bin, schließt das nicht aus, dass ich sogar bei euren Feinden da sein kann. Ja, mein rettendes Nahe-Sein übersteigt die Erde, auf der ihr lebt und die ihr so oft zum Mittelpunkt eures Lebens macht. Sogar der Tod ist für mich keine Grenze, die meiner Lebenskraft Schranken setzen könnte.«

Die Unverfügbarkeit Gottes entdeckt er in folgender Übersetzung: »Ich bin so bei euch da, dass ihr mit mir rechnen müsst, wann und wie ich will – vielleicht auch dann und so, wie es euch sogar stört. Es mag durchaus Situationen und Stationen eures Lebensweges geben, wo ihr euch nicht gerade gerne daran erinnern lasst, dass ich bei euch da sein will, oder wo ihr lieber einen anderen Gott hättet.« Dieser unbegrenzte und im positiven Sinn entgrenzte Gott ist der Gott, der da ist. Das ist das Bekenntnis des Volkes Israel – bis heute.

Die Erzählungen des Alten Testamentes schildern im Grunde diesen Weg Gottes mit seinem Volk durch die Zeit – bis hinein in das eigene Land. Sie erzählen, wie das

Volk Gottes einen Weg findet mit seinem Gott. Wie Gott sein Volk führt, es begleitet und ihm Raum und Land zum Leben schenkt – ihm Heimat gibt.

## Jesus

In dieser Überzeugung, dass Gott da ist, nicht an einen Ort gebunden ist, aber eben auch nicht festlegbar, ist auch Jesus verwurzelt und zu Hause.

Ganz zu Beginn seines öffentlichen Auftretens kommen die Jünger von Johannes dem Täufer zu Jesus, und Johannes, der im Gefängnis sitzt und das Kommen des Messias angekündigt hat, lässt ihn durch sie fragen: »Bist du der, der kommen soll, oder müssen wir auf einen anderen warten?« (Matthäus 11,3). Da antwortet Jesus: »Geht und berichtet Johannes alles, was ihr hört und seht: Blinde sehen wieder und Lahme gehen, Aussätzige werden rein und Taube hören, Tote stehen auf und den Armen wird das Evangelium verkündet« (Matthäus 11,5). Diese Heilungen und diese Verkündigung des Evangeliums durch Jesus geschehen dort, wo er Menschen, die seine Hilfe brauchen, begegnet. Oft passiert dies unterwegs, wenn Jesus mit seinen Jüngern durch die Dörfer und Städte zieht. Und da, wo Menschen durch Jesus mit Gott in Berührung kommen und Heilung erfahren, da ist Gott. Das Reich Gottes ist geografisch nicht festzulegen.

Als Jesus einmal gefragt wird, wann das Reich Gottes beginne, da antwortet er: »Man kann auch nicht sagen: ›Seht, hier ist es!‹ oder: ›Dort ist es!‹ Denn: Das Reich Gottes ist (schon) mitten unter euch« (Lukas 17,21). Gott ist mitten unter den Menschen – und in einem Menschen. Das war für einen Juden zur damaligen Zeit etwas Unvorstellbares: Der große, allmächtige Gott, dessen Name nicht einmal ausgesprochen werden durfte, zeigt sich zutiefst menschlich, zeigt sich in der Gegenwart und im Dasein des Menschen. Und nicht nur das: Jesus sagt weiter, dass alles, was der Mensch einem anderen tut, ihm getan wird (vgl. Matthäus 25,40). Das heißt: In jedem anderen Menschen begegnet uns Christus beziehungsweise in jedem Menschen ist Christus oder Gott wohnhaft und gegenwärtig.

Als Jesus einmal durch Samarien geht, führt er mit einer samaritanischen Frau ein Gespräch am Jakobsbrunnen. Abgesehen von der Tatsache, dass zur Zeit Jesu ein solches Gespräch mit einer Frau eine Unerhörtheit darstellte, sagt er zu ihr: »Glaube mir, Frau, die Stunde kommt, zu der ihr weder auf diesem Berg noch in Jerusalem den Vater anbeten werdet. Ihr betet an, was ihr nicht kennt, wir beten an, was wir kennen; denn das Heil kommt von den Juden. Aber die Stunde kommt und sie ist schon da, zu der die wahren Beter den Vater anbeten werden im Geist und in der Wahrheit; denn so will der Vater angebetet werden. Gott ist Geist, und alle, die ihn anbeten, müssen im Geist und in der Wahrheit anbeten« (Johannes 4,21–24).

Dieser Geist aber, der Gott ist, ist örtlich nicht festzulegen, er ist einfach. Ihn haucht Jesus nach seiner Auferstehung seinen Jüngern ein: »Empfangt den Heiligen Geist!« (Johannes 20,22). Dieser Geist ist von Anfang an, er »schwebte« schon zu Beginn der Schöpfung »über den Wassern«, wie es im Schöpfungsbericht heißt. Es ist bemerkenswert, dass im Alten Testament der Geist den hebräischen Namen »ruach« trägt, was wiederum auch »Atem« bedeutet und eine weibliche Sprachform ist. Hier zeigt sich: Im Atem ist alles Lebendige mit seinem Schöpfergott verbunden.

Als Jesus gekreuzigt wird, berichtet der Evangelist, dass der Vorhang im Tempel entzweireißt. Das ist eine zutiefst bedeutsame Aussage, denn im Tempel befand sich das Allerheiligste: die Bundeslade. Zu ihr hatten nur die Hohepriester Zugang. Doch in dem Moment, in dem Jesus stirbt und seinen Geist in die Hände Gottes zurücklegt, öffnet sich der Zugang zum Allerheiligsten. In Jesus, in seinem Wirken, Sterben und Auferstehen, wird so endgültig deutlich: Gott ist nicht exklusiv; er ist nicht nur im »Besitz« der Schriftgelehrten, im Besitz der Tempelpriester, sondern er ist immer und überall.

Der Apostel Paulus bezeichnet einmal den Leib des Menschen als »Tempel Gottes«. Er schreibt im 1. Korintherbrief: »Wisst ihr nicht, dass ihr Gottes Tempel seid und der Geist Gottes in euch wohnt?« (1 Korinther 3,16) und: »Denn Gottes Tempel ist heilig, und der seid ihr« (1 Korinther 3,17). Jeder Mensch ist mit seinem Leib also Ort der Gegenwart Gottes. Auch das war für die Juden zur Zeit Jesu eine schwierige Vorstellung, denn die Schriftgelehrten wollten immer sehr genau bestimmt haben beziehungsweise meinten zu wissen, wann ein Mensch zu Gott gehört und wann er von Gott verworfen und ausgestoßen ist. Eine Frage und Auffassung, die auch heute noch in vielen Religionen eine Rolle spielt und über viele Jahrhunderte auch für das Christentum entscheidend war. Doch Gott macht an keinen Kirchenmauern Halt und auch nicht an Grenzen von Religionen und Konfessionen.

Gott sprengte schon damals diese Grenzen. Dies wird auch deutlich an der Geschichte, als eine nichtjüdische Frau zu Jesus kommt und ihn um Heilung bittet. Jesus will ihr dies zunächst nicht gewähren, weil er nur zu den Juden gesandt sei. Da sagt die Frau zu ihm: »Auch die Hunde fressen von dem Brot, das von den Tischen fällt.« Und Jesus heilt sie – weil sie glaubt. Für Jesus ist immer der Glaube entscheidend. Auch Paulus kämpft entschieden dafür, dass alle – auch die »Heiden« – zu Christus und seinem Gott gehören. Nicht mehr Äußeres und äußere Zeichen wie die Beschneidung sind Zeichen der Zugehörigkeit, sondern der Glaube an Gott.

Das heißt: Wer an Gott glaubt und ihn sucht, der kann ihn überall finden – und zunächst und vor allem im eigenen Leib, in seinem Innersten, in seinem »Tempel«, dem Leib. Dabei meint das Wort »Leib« nicht nur den biologischen Körper des Menschen, sondern im Leibbegriff ist die

Beseeltheit des Körpers durch eine Seele schon impliziert. Beides ist nicht voneinander zu trennen, bildet eine Einheit. Dieser Leib ist der bevorzugte Wohnort Gottes.

Die Einladung ist also die, in mir selbst eine »Heimat« zu entdecken – einen Ort, in dem und an dem ich bei Gott zu Hause bin.

Viele Menschen sind noch immer geprägt von dem Bild eines strafenden Gottes beziehungsweise eines Buchhaltergottes, der alles sieht und nicht zögert, den Menschen für seine Verfehlungen zu bestrafen. Jesus hat stattdessen eine ganz innige und intime Beziehung zu seinem Gott gepflegt. Er nannte Gott »Abba«. Meistens wird dies mit »Vater« übersetzt. Nimmt man aber die ganz ursprüngliche Bedeutung dieses Wortes, dann heißt es eher: »Papa, Papi, Väterchen«, also ein Kosename. »Papi« ist Ausdruck von Vertrauen und Liebe zu einem Menschen.

In unserer Abteikirche hängt an der Altarwand eine große Christusfigur – sie stellt den Auferstandenen dar. Er breitet seine Arme weit aus, was sehr einladend wirkt, als ob er sagen würde: »Komm, du beladener Mensch, ruh dich ein wenig aus – ich gebe dir neue Kraft.« Ein Mitbruder erzählte mir einmal, dass er sich abends, wenn der letzte Besucher beziehungsweise Mönch nach dem Nachtgebet die Kirche verlassen hat, vorstelle, wie Christus die ausgestreckten Arme zusammennimmt, seinen Vater umarmt und sagt: »So, Papi, jetzt habe ich genug gearbeitet und so viele Menschen liebgehabt, jetzt hab du mich einmal lieb.«

Das ist zugegebenermaßen eine sehr menschliche Vorstellung, aber sie bringt das Vertrauen und die intensive Nähe, die Christus als Sohn zu Gott, seinem Vater, hat, zum Ausdruck.

So menschlich wie diese Vorstellung ist, so unbegreiflich ist sie auch. In Jesu Vater begegnet dem Menschen nicht mehr ein ferner Gott, ein Herrscher, sondern ein mitfühlender, mitleidender, den Menschen umarmender Gott – das spürten schon jene, die zu Zeit Jesu mit ihm in Berührung kamen. Dass dies unter den herrschenden Priestern Protest hervorrief, weil man das einfach nicht glauben konnte oder glauben wollte, ist dann fast verständlich. Nichts im Leben ist schwerer anzunehmen als bedingungslose Liebe. Jeder Mensch sehnt sich danach – und doch scheint es fest in ihm verankert zu sein, dass er sich Liebe und Anerkennung verdienen muss.

Jesus suchte oft die Gemeinschaft der Menschen: Er feierte Feste, war gern mit seinen Jüngern zusammen und auch oft im Haus des Petrus zu Gast. Aber eine letzte Geborgenheit, eine letzte Heimat, die ihm keiner nehmen konnte – die fand er in Gott, seinem Vater. Daher hat Jesus sich auch immer wieder von seinen Jüngern in die Einsamkeit der Natur und Berge zurückgezogen, um sich auf diesen Gott einzulassen.

Wenn Gott im Menschen, in seinem Leib wohnt, dann ist er niemals fern. Natürlich ist er im christlichen Verständnis auch immer der größere Gott, der über den Menschen hinausgeht. Aber er ist mit dem Menschen und im Menschen, in der Schöpfung, in allem Lebendigen, ganz nah zu finden.

Im Folgenden möchte ich daher nun einige Menschen vorstellen, die, ähnlich wie Jesus, in Gott ihr Zuhause gefunden haben, die in ihm ruhten und daher auch in sich selbst ruhen konnten. Das bedeutet nicht, dass ihr Leben einfach war oder ohne Schwierigkeiten ablief – ganz im Gegenteil. Von einem Gottsucher zu einem Gottfinder zu werden, kann bedeuten, dass man bereit wird, wie Jesus den Weg zu Ende zu gehen, schlimmstenfalls bis in den Tod. Das mussten die im Folgenden Genannten nicht, aber sie hatten doch einiges an Schwierigkeiten und Steinen zu überwinden, die ihnen aufgrund ihres Lebensstils, ihrer Einstellung in den Weg gelegt wurden.

## Benedikt von Nursia

Wir Mönche von Münsterschwarzach sowie alle Benediktiner und Benediktinerinnen weltweit leben nach der Regel, die der heilige Benedikt von Nursia in den letzten Jahren seines Lebens geschrieben hat. Die Absicht Benedikts war es, eine Regel für die Menschen zu verfassen, die in die

Schule Jesu gehen wollen, die lernen wollen, wie man Jesus nachfolgt, die ein gelingendes Leben suchen. Im Vorwort zu seiner Regel findet sich daher auch der Satz: »Wer ist der Mensch, der das Leben liebt und gute Tage zu sehen wünscht?« (RB, Prolog 15).

Benedikt geht es also um die Liebe zum Leben und darum, dass der Mensch einen »rechten Weg« geht. Damit meint er den Weg, der den Menschen zu sich selbst aufrichtet. Immer wieder gebraucht er das Wort »Demut«. In der Glaubensgeschichte des Christentums ist dieses Wort oft missbraucht worden. Menschen mussten sich demütigen und wurden gedemütigt. Sie wurden kleingemacht und erniedrigt. Oft haben Obere in Klöstern die Mönche und Nonnen ihre Macht spüren lassen und sie kleingehalten. Das lateinische Wort für Demut, humilitas, beschreibt dabei eigentlich sehr genau, was damit gemeint ist. Humilitas leitet sich aus dem Wort humus ab, was wiederum »Erde« bedeutet. Der demütige Mensch weiß also um seine Erdhaftigkeit. Er weiß um sein Menschsein auf dieser Erde, um seine Fehler und Schwächen und kann zu ihnen stehen, ohne sich kleinmachen zu müssen. Gleichzeitig ist er der, der von der Erde genommen und von Gott gebildet wurde. Daher hat er als Abbild Gottes eine unvergängliche Würde, die ihm keiner nehmen kann. In dieser Würde kann und darf er sich aufrichten und zugleich aufrichtig sein und zu seinem Menschsein stehen.

Wie schon erwähnt, hat Benedikt seine Ordensregel am Ende seines Lebens geschrieben, nachdem er also selbst einen langen inneren Weg der Gottessuche und Selbsterkenntnis hinter sich gebracht hatte. Wer diese Regel liest, spürt, dass hier nicht eine Theorie vom Schreibtisch aus entworfen wird, sondern jemand mit Lebenserfahrung, Menschenkenntnis und Menschenliebe eine Ordnung für christliches Leben entwirft. Papst Gregor der Große hat die Lebenserfahrungen des heiligen Benedikt aufgeschrieben und so die Lebensbeschreibung, sozusagen die Biografie Benedikts, verfasst. Darin ist mir eine Aussage in Hinblick auf das Thema dieses Buches ganz wichtig geworden. Da heißt es: »Er [Benedikt] wohnte unter den Augen Gottes bei sich selbst.« Uns Benediktinern ist das in der lateinischen Form als »habitare secum« ein Begriff. Ich finde das einen wunderbaren Satz. Er klingt danach, dass ein Mensch – hier Benedikt – bei sich selbst angekommen ist. Bis dahin aber war es für Benedikt ein weiter Weg.

Als junger Mann ging er zunächst nach Rom, um dort zu studieren und eine Karriere als Rechtsgelehrter zu beginnen. Schnell wird Benedikt jedoch des Lebens dort überdrüssig. Es kommt ihm schal und leer vor. Das kenne ich: Manchmal kommen junge Menschen zu unserem Kurs »Kloster auf Zeit«. Auf die Frage, warum sie sich für einige Zeit hier zurückgezogen haben, antworten sie: »Es muss doch mehr als alles geben!« Genau das wird auch das Gefühl Benedikts gewesen sein. Er spürte bereits in jungen Jahren, dass trotz Karriere, Geld, Frauen, Feiern, Party etc. eine Sehnsucht im Menschen bleibt, die nicht durch irdische Glückserfahrung gestillt werden kann.

Meistens holt den Menschen diese Frage in der zweiten Hälfte seines Lebens ein. Man ist im Beruf gefestigt, hat eine Familie gegründet, ein Haus gebaut, also eine materielle und damit existenzielle Sicherheit geschaffen. Doch dann kommt unweigerlich die Frage: War es das jetzt? Das war alles? Geht das jetzt noch vierzig Jahre so weiter?

Benedikt also sucht das »Mehr« in seinem Leben. Mit seiner Amme lebt er zunächst in Affile, einige Kilometer westlich von Rom. Dann aber trennt er sich von ihr und entschließt sich zu einem noch radikaleren Leben: als Einsiedler in einer Höhle. Der Mönch Romanus, der auch in dieser Gegend lebte, wird sein väterlicher Begleiter – sozusagen sein Novizenmeister. Er versorgt ihn regelmäßig mit Nahrung. Benedikt widmet sich jetzt dem Gebet und der Gottsuche. Wer so zurückgezogen in der Einsamkeit lebt, ist immer auch auf sich selbst zurückgeworfen, und wird mit seinen eigenen Sehnsüchten, Begierden, Gefühlen, Ängsten und Schwächen konfrontiert. Mit all dem muss auch Benedikt sich in seiner Höhle auseinandersetzen.

Nachdem Benedikt drei Jahre lang als Einsiedler gelebt hat, kommen Mönche eines nahegelegenen Klosters zu ihm und bitten ihn, er möge ihr Abt werden. Erst nach einigem Zögern stimmt Benedikt der Bitte zu. Bald aber stellt sich heraus, dass Benedikt sehr streng ist. Die Mönche dagegen hatten gehofft, einen Abt zu finden, der sich seiner Gottsuche widmet und sie weitestgehend in Ruhe lässt. Sie wollen oder können nicht in das einwilligen, was Benedikt von ihnen verlangt. So greifen sie zum radikalsten Mittel: Sie gießen Gift in den Becher mit Wein, den er zum Essen trinken wird. Als aber Benedikt den Segen über das Essen spricht, zerspringt der Becher, und er versteht, was hier gerade geschehen ist. Benedikt beschließt daraufhin, das Kloster zu verlassen und wieder in seine Höhle zurückzukehren. An dieser Stelle heißt es dann in der Lebensbeschreibung: »Und unter den Augen Gottes wohnte er bei sich selbst.«

Mit den »Augen Gottes« assoziiert man schnell: »Der liebe Gott sieht alles.« Dieser Satz wurde früher oft erzieherisch angewandt, wenn man zum Beispiel Kindern Dinge verbot mit diesem Hinweis und damit indirekt drohte, Gott werde Zuwiderhandlungen sofort bestrafen. Das aber ist hier nicht gemeint. Vielmehr kommt damit der liebende Blick Gottes zum Ausdruck, der auf Benedikt ruht. Benedikt ist einen weiten inneren Weg, ist durch seine Kämpfe hindurch gegangen und hat seine inneren Aufgaben, Probleme und Krisen gemeistert. Und wohl auch daraus gelernt. Wenn wir heute sagen, dass jemand ganz er selbst ist, dann meinen wir, dass er sich nicht verstellt, keine Rolle spielt, er im Einklang mit seinem Inneren ist, das lebt, was in ihm als Person angelegt ist. Man könnte sagen: Benedikt hat sich selbst gefunden. Und das lebt er, wobei er sich von Gott liebend angeschaut weiß.

Später in seinem Leben spricht er immer wieder von dem rechten Maß. Er hat selbst erkannt: In seiner ersten Zeit als Abt war er zu streng und hatte an seine Mönche und auch an sich selbst zu hohe Ansprüche. Jetzt – zurück in der Höhle – wohnt er in sich selbst. Er ist in einem inneren Gleichgewicht, ist ausgeglichen und mit seinem tiefsten Wesen in Berührung. In seiner Regel kann man lesen, dass sich Benedikt immer wieder in der Spannung zwischen gebotener Strenge und notwendiger Barmherzigkeit bewegt. Er ist der Ansicht: Auf der einen Seite darf der auf dem Menschen ruhende liebende Blick Gottes nicht zur Laschheit führen und auch nicht dazu, dass man aufhört, an sich selbst und seiner Entwicklung zu arbeiten. Der Weg zu sich selbst ist kein einfacher – er beinhaltet Arbeit an der eigenen Persönlichkeit. Dazu gehört, dass man den eigenen Schatten und das, was man nicht gelebt hat, das Verdrängte, die eigenen Sehnsüchte, aber auch die übernommenen Muster betrachtet. Gleichzeitig darf der Mensch nicht ständig Forderungen an sich stellen, die er nicht erfüllen kann beziehungsweise nicht alle gleichzeitig erfüllen kann.

Benedikt ist diesen Weg gegangen. Er findet sich in seiner Höhle mit seinen Erfahrungen des Scheiterns und seinen Leidenschaften, aber auch mit seiner Sehnsucht wieder – von Gott liebend angeschaut. Es muss eine tiefe innere Erfahrung gewesen sein, dieses Angeschaut-Werden.

Nachdem Benedikt wieder einige Zeit in der Höhle gelebt hat, eilt ihm sein Ruf als weiser Mann voraus. Einige Männer schließen sich ihm an, wollen unter seiner Führung leben. Benedikt – so heißt es in der Lebensbeschreibung – gründet zwölf Klöster, in die er jeweils zwölf Männer schickt. Sie leitet er an, zu beten, zu arbeiten und Gott zu suchen. Am Ende seines Lebens lässt er sich in dem Kloster, das er auf dem Montecassino errichten ließ, nieder und führt dort die Brüder als ihr Abt. Hier schreibt er auch seine Regel. Sie ist eine Verarbeitung seiner Lebenserfahrungen. In allem, was er hier notiert, zeigt sich ein gereifter Mann, der unter den Augen Gottes bei sich selbst wohnt, gereift und weise geworden ist.

Benedikt wird eines Tages eine kosmische Vision geschenkt, in der er die Seele eines Bischofs zum Himmel aufsteigen sieht. Für ihn wird es zu einer großen Erfahrung. Papst Gregor deutet dies in seiner Lebensbeschreibung so: »Wenn die Seele ihren Schöpfer schaut, wird die Erde zu klein. Denn im Licht innerer Schau öffnet sich der Grund des Herzens, weitet sich in Gott und wird so über das Weltall erhoben.« Vielleicht durch diese Erfahrung angeregt, schreibt Benedikt in der Einleitung seiner Regel, dass dem Menschen, der auf dem Weg voranschreitet, sich das Herz weitet. Das ist Benedikts Ziel: ein weites Herz, das alle und alles im Lichte Gottes liebend ansieht.

Mit seiner Regel will er Menschen anleiten, ein Leben zu führen, in dem Menschen unter den liebenden Augen Gottes bei sich selbst wohnen beziehungsweise zu Hause sein können, mit sich selbst, den Mitmenschen und der Schöpfung liebend, liebevoll, achtsam umgehen.

Vielleicht ist dieser liebende Blick Gottes sogar notwendige Voraussetzung, um als Mensch bei sich selbst zu Hause sein zu können. Es braucht die bedingungslose Bejahung eines anderen, damit man eben nicht an sich selbst verzweifelt – an seinen Schatten, seinen Verfehlungen, seinen Fehlern, die man immer wieder macht. Aber es ist auch der Blick der Anerkennung und der Freude. Gott freut sich, wenn ich das, was mich als sein einmaliges Abbild ausmacht, lebe und gestalte. Wenn ich es wage, den Weg der Selbstfindung und Selbstwerdung zu gehen, wenn ich es wage, in mir selbst Wohnung zu nehmen und dabei entdecke, dass Gott in mir Wohnung genommen hat. Er ist der tiefste Grund, in dem der Mensch ruhen darf.

## Franz von Assisi

Im Zuge der Papstwahl 2013 ist auch Franz von Assisi wieder neu in das Blickfeld gerückt. Bis heute ist er wohl einer der Heiligen, die die Menschen am meisten faszinieren. Dabei begann sein Leben völlig anders als das eines Heiligen. Die Einzige, die von seiner Geburt an spürte, dass er Gott gehören würde, war seine Mutter. Sie hatte ihm auch ursprünglich den Namen Johannes gegeben. Doch als sein Vater, der zur Zeit seiner Geburt auf Geschäftsreise gewesen war, nach Hause kam und den Namen seines Sohnes hörte, war er damit nicht einverstanden. Als Tuchhändler kam er viel herum und liebte Frankreich. Also wurde aus Johannes »Francesco«, was wortwörtlich nicht nur »der Franzose« heißt, sondern in der Verkleinerungsform so viel wie »Französchen«.

Zunächst sah es so aus, als ob Francesco in die Fußstapfen seines Vaters treten würde. Bald schon bewies er Talent im Verkaufsladen seines Vaters. Er war nicht nur eloquent im Umgang mit den Kunden, sondern auch stilvoll und der neuesten Mode entsprechend gekleidet, was in seinem Metier fast ein Muss war. Dass er mit seinem Charme die ganze Jugend des Dorfes begeisterte, mit ihr nachts durch die Straßen und Kneipen zog, dabei laut Lieder sang und seine Freunde aushielt, sah man ihm immer wieder nach. Selbst sein Vater, der als sparsam und gierig galt und stets danach trachtete, sein Vermögen zu vermehren, ließ dem Sohn immer wieder Geld zukommen.

Als die Stadt Assisi in einen Krieg mit der Nachbarstadt Perugia gerät, entstand in Franziskus der Wunsch, Ritter zu werden. Sein Vater, angetan von der Idee, dass sein Sohn ruhmreich zurückkehren würde, stattete ihn edel aus, und Franziskus zog tatsächlich in den Krieg. Assisi wurde besiegt, Franziskus landete im Kerker und kehrte krank aus dieser Gefangenschaft zurück. Unter den Folgen litt er zeitlebens. Heutige Forschungen gehen davon aus, dass er wohl an Tuberkulose erkrankt war.

Als Walter III. von Brienne einen Kreuzzug in Apulien vorbereitete, um dort für den Papst die Herrschaft wiederzugewinnen, machte sich Franziskus erneut als Ritter auf den Weg. Das Ideal und der Traum, ein angesehener Ritter zu werden, hatte ihn nicht mehr losgelassen. Die Legenden erzählen, dass er unterwegs von Gott gerufen worden sei, sich in seinen Dienst zu stellen und in seine Heimat zurückzukehren. Nun begann für Franziskus eine längere Suche, wie er diesem Ruf gerecht werden könnte. Er zog sich aus seinem Freundeskreis zurück und ging in sich. Viele wunderten sich über diese plötzliche Introvertiertheit.

In der darauffolgenden Zeit prägen einige Ereignisse sein Leben, die ihn schließlich auf seinen Weg bringen: Als er eines Tages einem Aussätzigen begegnete, folgte er einem spontanen Impuls, umarmte und küsste ihn. Was ihn in seinem »früheren« Leben mehr als geekelt hätte, wurde ihm nun nach eigener Aussage »zur Süße«.

Eines Tages betete Franziskus in der alten, zerfallenen Kirche San Damiano. Als er dort vor dem Kreuz kniete, hörte er die Stimme Christi, die zu ihm sagte: »Franziskus, geh hin und bau meine Kirche wieder auf.« Franziskus verstand diesen Auftrag zunächst wörtlich und begann, die Kirche zu renovieren – mit dem Geld seines Vaters. Dieser war außer sich, als er davon erfuhr, und es kam zu einem öffentlichen Prozess, der vor dem Bischof geführt wurde. Als Franziskus sich äußern sollte, trat er vor den Bischof hin, zog sich nackt aus, legte die Kleider zu Füßen seines

Vaters nieder und sagte: »Ab heute habe ich nur noch einen Vater, und das ist mein Vater im Himmel.«

Nun begann Franziskus ein Leben in Armut und Gebet. Er wurde zum Bettler. Alle wunderten sich über diesen radikalen Wandel und taten sich zunächst schwer mit diesem Franziskus, den sie so ganz anders kannten. Nur seine Mutter verstand ihn zutiefst und sah nun das erfüllt, was sie immer schon wusste.

Als Franziskus in einem Gottesdienst das Evangelium hörte, in dem Jesus seine Jünger aussendet und ihnen aufträgt, nichts mitzunehmen außer einen Wanderstab und die Kleidung am Leib, begriff er, dass er genau das gesucht hatte und so leben wollte. Nach und nach wurde Franziskus nun klar, was seine eigentliche Berufung ist: nicht, zerfallene Kirchen aus Stein wieder aufzubauen, sondern den inneren Aufbau der Kirche voranzubringen, Menschen den Glauben zu verkünden und »lebendige Steine« für die Kirche zu gewinnen.

Für die Kirche, die in dieser Zeit sittlich zerfallen war, wurde Franziskus zu einem neuen, glaubwürdigen Zeugen Gottes in der Welt. Dem sittlichen Zerfall seiner Zeit setzt Franziskus das radikale Zeugnis gelebter Armut und Liebe entgegen. Nichts ist ihm heiliger und wichtiger als die Armut. Franziskus verstand diese Armut wirklich als Armut, das meint: Die Mönche sollten nichts besitzen, damit sie an materielle Güter nicht ihr Herz hängen. Wenn der Mensch etwas besitzt, so war Franziskus überzeugt, dann will er es beschützen. Wenn er etwas beschützen will, dann baut er Häuser und Mauern und läuft Gefahr, dass er sein Herz an seinen materiellen Besitz hängt. Franziskus aber möchte, dass seine Brüder ihr Herz offen halten für Gott und dass sie ihm vertrauen, dass er ihnen alles Notwendige geben wird. Es ist radikal, aber es ist glaubwürdig, weil Franziskus so gelebt hat. An dieser geliebten Armut hat er bis zum letzten Atemzug festgehalten. Mit der Zeit schlossen sich ihm immer mehr Brüder an, und nach und nach entstand daraus der Orden der Franziskaner. Die Mönche begannen, Häuser für die Gemeinschaft zu bauen und darin zu wohnen, doch das entsprach nicht Franziskus' Idee einer wirklich armen Gemeinschaft. Also riss er sie wieder ein.

Sein ganzes Vertrauen setzte Franziskus auf seinen himmlischen Vater und auf dessen Sorge für die Menschen. Franziskus war von Gottes Liebe so erfüllt und von ihr so beglückt, dass er zeit seines Lebens ein fröhlicher Mensch blieb. In dieser Liebe und damit in Gott war Franziskus, den man später auch den »zweiten Christus« und »Troubadour Gottes« nannte, zu Hause. Deshalb brauchte er auch keine Häuser als Bleibe. Die Welt war sein Zuhause. Oder, wie er selbst einmal sagte: »Mein Kloster ist die Welt.« Während andere Orden Gott hinter Klostermauern in frommen Übungen suchten, entdeckte er diesen Gott immer und überall. Überall kam ihm Gott und seine Liebe Gottes entgegen. Nicht nur im Mitmenschen, sondern auch in der Schöpfung.

Er ist bekannt für seinen liebevollen Umgang mit der Schöpfung und der Natur. Nicht Wenigen gilt er deswegen sozusagen als erster »Grüner«. Kein anderer Heiliger hat wohl in seinem Leben so deutlich werden lassen, dass die ganze Schöpfung von Gott beseelt ist: Mensch, Tier und Natur. Und in diesem Glauben hat er bis zuletzt gelebt.

Am Ende seines Lebens machte ihm zusätzlich zu seiner bisherigen Krankheit ein Augenleiden sehr zu schaffen. Obwohl er jetzt eigentlich Grund genug zum Klagen gehabt hätte, dichtete er stattdessen den wunderbaren sogenannten Sonnengesang. Wenn er hier von »Bruder Sonne«, »Schwester Mond«, »Schwester Wasser«, »Bruder Feuer« und »Mutter Erde« spricht, dann bringt er damit seine ganze Liebe und Leidenschaft für die Schöpfung und seine geschwisterliche Beziehung zu ihr zum Ausdruck.

Er war und blieb der Ansicht: Weil eben alles von Gott geschaffen ist, ist nicht nur dem Menschen Achtung, Respekt und Mitgefühl entgegenzubringen, sondern auch den übrigen Geschöpfen und der übrigen Schöpfung. Mehrere Legenden erzählen davon, dass Franziskus die Sprache der Tiere beherrschte und sie sich von ihm »zähmen« ließen, wie beispielsweise der Wolf von Gubbio. Mit seiner Liebe und seinem einfältigen Gottvertrauen gelingt es Franziskus, Menschen und Tiere für Gott zu begeistern und ihnen zu zeigen, wo ihr wahres Zuhause ist. Alles Lebende und Lebendige singt von Gottes Gegenwart. Jeder Busch brennt von der Gegenwart Gottes. Und deshalb gibt es keinen Ort auf dieser Erde, an dem der Mensch kein Zuhause hätte, weil er immer und überall in und mit Gott sein kann.

## Nikolaus von der Flüe

Der Nationalheilige der Schweiz wurde 1417 in Flüeli in der Schweiz geboren. In den ersten fünfzig Jahren seines Lebens lebte er als ein für damalige Verhältnisse wohlhabender Landwirt, der sich auch politisch engagierte. Bruder Klaus war als Bürger und Politiker hoch angesehen. Ihm wurde sogar das Amt des Landamtmannes (das entspricht dem heutigen Amt des Ministerpräsidenten) angetragen. Gemeinsam mit seiner Frau Dorothea schenkte er zehn Kindern das Leben. Scheint äußerlich alles in guten Bahnen zu laufen, so wird er doch immer mehr von einer inneren Unruhe ergriffen. Ihn beschäftigt die Frage, ob er nicht Einsiedler werden solle. Ein jahrelanges Ringen beginnt. Er ist hin und her gerissen zwischen dem Ruf Gottes, den er spürt, und seiner Verantwortung für die Familie. Erst als seine Frau zustimmt und ihn freigibt, kann er ruhigen Herzens zu einem neuen Leben aufbrechen. Dorothea selbst schneidert ihm ein Büßergewand, das er von nun an trägt. Das war sicherlich sowohl für Dorothea als auch für Klaus eine schwierige Entscheidung, weil sie sich damit gegen die gesellschaftliche Konvention stellten, die besagte, dass, wer verheiratet ist, ein Leben lang zusammenbleibt. Es war ein Bruch der geltenden Regeln. Dorothea hat mit ihrem Herzen gespürt, dass dieser Mann, den sie liebte und der der Vater ihrer zehn Kinder war, nur dann glücklich werden würde, wenn er dem Ruf seines Herzens folgte. Und dieser Ruf, Einsiedler zu werden, war stärker als der Wunsch, das gegebene Versprechen zu halten. Nicht umsonst tun sich immer wieder Menschen heute schwer mit diesem Heiligen – eben weil er seine Familie verlassen hat. Aber er wäre nicht gegangen, wäre Dorothea nicht einverstanden gewesen. Im Letzten kann niemand einen Menschen vom Ruf seines Herzens abhalten – außer er selbst. Und Klaus hat sein Leben lang Kontakt gehalten zu seiner Familie. Zwar ist er nie mehr zurückgekehrt in sein Wohnhaus im Ort, aber seine Frau und seine Kinder gingen regelmäßig zu ihm in die Einsiedelei, um sich mit ihrem Vater und Mann zu beraten in wichtigen Fragen. Als Bruder Klaus 1947 heiliggesprochen wurde, haben nicht Wenige sich gewünscht, dass auch Dorothea heiliggesprochen würde, weil sie den Mut hatte, ihren Mann freizugeben, damit er seinen Lebensruf und das, was er als Ruf Gottes erkannte, leben konnte.

Als Klaus aufbricht, ist er fünfzig Jahre alt und sein jüngstes Kind erst vier Monate. Seine ursprüngliche Absicht war es, weit weg zu gehen und als Pilger unterwegs zu sein. In der folgenden Nacht fühlt er, wie ein Lichtstrahl in seinen Leib eindringt, und verspürt große Schmerzen. Das ist für ihn das Zeichen, dass er umkehren soll. Nun weisen ihm vier Lichter, die er sieht, den Weg in die Ranft-Schlucht, wo er bis zu seinem Tod am 21. März 1487 leben wird. Als 16-Jähriger hatte Klaus an dieser Stelle bereits in einer Vision einen Turm gesehen, der von der Erde bis zum Himmel reicht. Für Klaus, der von Kindesbeinen an fromm war und stets auch das Gebet und die Einsamkeit suchte, war dies ein Hinweis auf seine spätere Berufung: So wie der Turm Himmel und Erde verbindet, solle er Himmel und Erde verbinden, was nichts anderes heißt, als Gott und Mensch miteinander zu verbinden. Gott ist für Bruder Klaus das »einig Wesen«, wie er es nennt. Und in diesem Gott ist Frieden. Er sagt es so: »Friede ist allweg in Gott.« In seinem Gott konnte er ruhen und gelassen sein und zugleich in ihm neue Kraft finden. Seine tiefen, mystischen Visionen, die er immer wieder erfuhr, müssen ihn immer wieder dorthin geführt haben – zu dieser tiefen inneren Erfahrung von Frieden und Einheit. Zu Hause in sich selbst zu sein bedeutet, diesen Frieden in sich selbst und damit in Gott zu finden. Von diesem Frieden und dieser Ruhe wollte er an andere weitergeben. Zwar verbrachte er viele Stunden am Tag mit Meditation und Gebet, die ihn immer tiefer in die Einheit mit Gott hineinführten. Zugleich aber wandte er sich den Menschen zu und war für sie da. In seiner Einsiedelei hatte er ein Fenster, an das sich die Menschen von außen auf eine Bank setzen konnten. Er saß innen und hörte zu. Für die Menschen, die zu ihm kamen, war er ein wichtiger Ratgeber.

Es ist interessant, dass man Menschen, die intensiv beten und denen man eine intensive Gottesbeziehung nachsagt, immer wieder zugleich zutraut, ein guter Ratgeber für das ganz praktische Leben zu sein. Zu Bruder Klaus kamen viele mit ihren Sorgen, Fragen und Nöten. Im Letzten war es dann wieder die Frage, wie sie Ruhe finden, Halt und Vertrauen in das Leben. Im wahrsten Sinne des Wortes wurde er zum Friedensstifter, als 1481 ein Krieg unter den acht Eidgenossenschaften der Schweiz drohte und die Einheit des Landes gefährdet war. Man ging zu Bruder Klaus, um sich mit ihm über die Angelegenheit auszutauschen. Auf seinen Rat hin wurde dann Frieden geschlossen, und die Schweiz blieb von einem Bürgerkrieg verschont. Bis heute ist nicht öffentlich geworden, was Bruder Klaus den Ratsmitgliedern sagte, aber es gelang ihm, Frieden zu stiften.

Dieses Anliegen von Bruder Klaus, den Menschen Frieden zu schenken, weil Gott Friede ist, kommt auch im sogenannten Bruder-Klaus-Gebet zum Ausdruck. Hier wird seine innerste Haltung deutlich:

»Mein Herr und mein Gott,
nimm alles von mir, was mich hindert zu dir.
Mein Herr und mein Gott,
gib alles mir, was mich führet zu dir.
Mein Herr und mein Gott,
nimm mich mir und gib mich ganz zu eigen dir.«

Er wollte alles, was ihn an der innigen Verbindung mit Gott, der Friede ist, hindert, hinter sich lassen beziehungsweise bat Gott, all dies von ihm zu nehmen. Er wollte allein Gott gehören, und allein in ihm wusste er einen tiefen Grund, in dem sein Leben verankert war. Nur so konnte er wahrscheinlich zwanzig lange Jahre in einer rauen Schlucht in der Schweiz in einer einfachsten Klause leben. Und das macht ihn bis heute so anziehend: dieses radikale Zeugnis, das er in tiefem Frieden mit sich und Gott gelebt hat. Er hat es einfach gewagt, seiner Sehnsucht zu folgen, und hat diesen tiefen Frieden gefunden.

Heute stehen im Ranft zwei Kapellen: Neben der, die direkt an die Klause angebaut ist, gibt es einige Meter weiter unten noch eine größere Kapelle, um den vielen Wallfahrergruppen ausreichend Platz bieten zu können. In dieser im 16. Jahrhundert erbauten Kapelle steht eine aus Holz geschnitzte Figur des Heiligen. Sie zeigt einen Menschen, der ausgemergelt und eingefallen ist. Gleichzeitig atmet diese Figur für mich eine Aura, die die ganze kraftvolle Seele von Bruder Klaus zum Ausdruck bringt. Dem Künstler ist es gelungen, ihr den Ausdruck zu geben, den Bruder Klaus wohl seinem Leben geben wollte: in äußerster Einfachheit und Askese lebend, ganz auf Gott ausgerichtet, aus ihm lebend und Menschen zu ihm hinführend. Wie er sollten sie Frieden und Heimat in Gott finden.

## Madeleine Delbrêl

Madeleine Delbrêl lebte im 20. Jahrhundert in der Nähe von Paris. 1904 geboren, bekannte sie sich mit 16 Jahren zum Atheismus. »Gott ist tot! Es lebe der Tod!« – war eines ihrer Bekenntnisse in dieser Zeit. Mit 19 Jahren setzte sie sich intensiv mit dem Christentum auseinander und näherte sich ihm an. Sie begann zu beten und fand zum Glauben. Ihre Erfahrung und ihr Halt, den sie jetzt im Glauben fand, müssen so stark gewesen sein, dass sie in sich den Wunsch verspürte, Ordensfrau zu werden und bei den Karmeliterinnen einzutreten. Da sie aber für ihren blinden Vater sorgen musste, war ihr dies nicht möglich, und so konnte sie ihren Glauben nur außerhalb der Klostermauern leben. Dies wurde dann aber auch ihre tiefe Berufung: keine trennenden Klosterwände zwischen sich und den Menschen zu haben. Der Gott, an den sie nun glaubte, war mitten im normalen Alltag, auf den Straßen dieser Welt, bei den einfachen Arbeitern zu finden. »Wer die Welt umarmt, umarmt Gott«, sagte sie einmal. Und diese Gottesgegenwart wollte sie mit ihrem Leben mitten unter den Menschen bezeugen. Die Ausbildung zur Sozialarbeiterin, die sie absolvierte, ermöglichte ihr genau dies.

Als die Mitglieder einer Pfadfindergruppe, deren Leiterin sie war, den Wunsch äußerten, ein Gott geweihtes Leben als Laien zu beginnen, auf Familie und Ehe zu verzichten und arm und einfach unter einfachen Menschen zu leben, ging sie 1933 mit zwei Gefährtinnen nach Ivry in die Nähe von Paris. Dort ließ sie sich in einem industriell und marxistisch geprägten, anti- und nachchristlichen proletarischen Viertel nieder. Dort wollte sie den Halt und die Geborgenheit, die sie in Gott gefunden hatte, an andere Menschen weiterschenken. Da sie gute Kontakte zu kommunistischen Vereinigungen pflegte, überlegte sie zeitweise, sich diesen anzuschließen, sah aber davon ab, als sie erkannte, dass diese zutiefst atheistisch geprägt waren. Dennoch arbeitete sie eng mit Kommunisten zusammen und setzte sich für soziale Gerechtigkeit und die Belange der Arbeiter ein.

Nachdem es in der Gemeinschaft verstärkt Spannungen aufgrund ihres politischen Engagements gab, kündigte Madeleine 1946 ihre Stellung als Sozialarbeiterin im Rathaus und zog sich aus dem öffentlichen Dienst zurück. Von nun an führte sie für die Gemeinschaft den Haushalt und kümmerte sich um die zahlreichen Gäste. Sie unterstützte alleinerziehende Mütter, Arbeitslose, streikende Arbeiter, spanische Widerstandskämpfer und setzte sich für die Freilassung politischer Gefangener in Spanien und den USA ein. Madeleine Delbrêl starb 1960 an den Folgen eines Schlaganfalls.

In ihrem letzten Vortrag kurz vor ihrem Tod sagte sie: »Ich bin von Gott überwältigt worden und bin es immer noch.« Die Beziehung zu Gott war so intensiv und prägend für sie, dass sie auf einem Zettel, den man nach ihrem Tod in ihrem Gebetbuch fand, notiert hatte: »Ich will das, was du willst, ohne mich zu fragen, ob ich es kann. Ohne mich zu fragen, ob ich Lust darauf habe. Ohne mich zu fragen, ob ich es will.« Sie war bereit, das, was sie als Willen Gottes erkannte, zu tun – ohne danach zu fragen, ob es ihr Spaß machte oder sie es wirklich wollte. Eine solche Bereitschaft, Gottes Willen bedingungslos zu erfüllen, muss in einem tiefen Gottvertrauen wurzeln, in dem Wissen: So ist es gut und richtig für mich. Dieser Gott liebt mich so sehr, dass ich mich ihm überlassen und anvertrauen kann.

Dieses Vertrauen in Gott und der Glaube an seine Gegenwart mitten unter den Menschen entschied sich für Madeleine im Alltag. Gott war in ihren Augen nichts für eine Kuschelecke oder ein Sonderprogramm am Sonntag. In den Gebetstexten, die sie schreibt, wird deutlich, dass es ihr gelang, im Alltag Gottes Spuren zu erkennen und zu finden. Sie schreibt über die Banalität des Alltäglichen und zugleich darüber, dass genau darin Gott aufscheint.

Das ist für Madeleine Mystik: Im Alltäglichen tiefer zu schauen. Im Alltäglichen die durchscheinende Gegenwart Gottes zu erkennen; nicht nur die Beeren an den Sträuchern zu pflücken, sondern seine brennende Gegenwart zu erkennen und zu spüren.

Einer ihrer für mich tiefsten und faszinierendsten Texte ist der »Tanz des Gehorsams«. Darin vergleicht sie das Leben mit einem Tanz. Sie spricht von Franziskus, Theresa und Johannes vom Kreuz, die so froh waren zu leben und sich von Gott geliebt zu fühlen, dass sie getanzt hätten: Franziskus vor dem Papst, Teresa mit Kastagnetten und Johannes mit dem Jesuskind im Arm. Den heiligen Franz habe Gott erfunden, weil Gott genug von den Leuten gehabt habe, die davon sprachen, ihm zu Diensten zu sein mit der »Miene von Feldwebeln«. Gott wolle fröhliche Leute haben, die ihr Leben mit Gott tanzen. Zwar wisse man nicht, welchen Tanz Gott von uns aufgeführt haben möchte, aber man müsse einstimmen in den Rhythmus der Vorsehung Gottes und diesem folgen.

Wenn sie in diesem Text immer wieder von Menschen spricht, die nach Regeln und mit »Turnübungen« versuchen, zu Gott zu kommen, meint sie Menschen, die starr an Regeln festhalten, sich viele religiöse Übungen auferlegen und dabei aber nicht froh werden im Glauben, sondern eher verbissen und hart wirken. Gott will froh machen, den Menschen begeistern und anstecken – mitten im banalen Alltag, der nicht immer einfach zu leben ist. Dann wird Glaube eben keine Turnübung, keine abzuleistende Pflichtübung, sondern dann ist Glaube lebendige Beziehung zu Gott. Das meint Madeleine, wenn sie von »Tanz« spricht. Sie ist so sehr inspiriert von Gottes Geist und der Freude, die dieser schenkt, dass sie sagen kann, dass das Leben »in deinen (Gottes) Armen getanzt« werde. Sie will sich ganz fallen lassen und ganz eintauchen in diese Gegenwart Gottes und schauen, was dieser Gott ganz konkret von ihr möchte.

Man kann sich vorstellen, dass mit diesem Glauben und Vertrauen das Leben für Madeleine nie langweilig war, sondern sie sich stets der Herausforderung ausgesetzt sah, Gott zu entdecken und zu finden – mitten unter den Menschen, mitten im Alltag, mitten im Banalen.

Genau deshalb aber ist für sie das Dasein ein »endloses Fest, bei dem man immer wieder dir (Gott) begegnet«. Gott solle geben, dass wir dieses Fest leben und tanzen wie »einen Ball, einen Tanz, in den Armen deiner Gnade, während die Musik der Liebe uns allseits umfasst«.

Diesen Worten spürt man an – so finde ich –, wie sehr Delbrêl von der göttlichen Gegenwart überzeugt war, wie sehr sie darin lebte und liebte, wie sehr sie sich in den Armen Gottes wusste, immer und zu jeder Zeit, ob im Gebet, bei alltäglichen Besorgungen oder in der Begegnung mit Menschen. Und man spürt auch, wie sehr sie ihr Leben dem Rhythmus Gottes entsprechend tanzen und so Zeugnis seiner Präsenz geben wollte – denen, die noch zu oft die »Beeren pflücken« von den »Dornsträuchern dieser Erde«.

Wie überzeugend und inspirierend dieses Zeugnis war, drückt sich aus in den Worten des Bürgermeisters von Ivry, die er bei der Beerdigung von Delbrêl sprach: »Ich glaube auch jetzt nicht an Gott, aber wenn es ihn gibt, trägt er die Züge von Madeleine.«

# Bei sich selbst zu Hause sein und in Gott wohnen

## Zu Hause?

Das Wort »Zuhause« ist ein zutiefst emotionales Wort. Mit ihm verbinden sich für jeden Menschen Gefühle, Gerüche, Menschen, Erinnerungen. Ich erinnere mich dann zunächst immer an meine Kindheit und an mein Elternhaus, an mein ursprüngliches Zuhause.

Wenn wir in meiner Kindheit mit der Familie unterwegs waren und wir uns meinem Elternhaus und Zuhause näherten, stellte sich bei mir immer ein freudiges Gefühl ein. Nach Erzählungen meiner Mutter habe ich dann wohl auch immer mit vor Freude strahlenden Augen gesagt: »Bald zu Hause.« Dieses Wort und der dazu gehörige Ort löste ein Gefühl der Wärme und Geborgenheit aus. Ich freute mich nach einer längeren und erholsamen Zeit des Urlaubs darauf, wieder in die gewohnten vier Wände zu kommen, in meinem Bett zu schlafen, Freunde zu treffen – kurzum: mich wohl und geborgen zu fühlen.

Ebenso freute ich mich, wieder zum Bauernhof gehen zu können, von dem mein Vater stammte und der von

Verwandten bewirtschaftet wurde. Er war so etwas wie mein »zweites« Zuhause. Nach dem Urlaub war es ein festes Ritual, dass ich mich auf mein Fahrrad setzte und dorthin fuhr. Ich wollte allen sagen, dass ich wieder da sei und »nach dem Rechten« schauen. Kein Tag verging in meiner Kindheit, an dem ich nicht dort war. Ich spielte mit Hunden und Katzen, war mit im Stall und auf dem Traktor. Immer wieder saß ich auch mit am Küchentisch, sei es beim Mittagessen oder beim Kaffee. Kam ich abends mit meinem Vater zum Milchholen, wurden schnell noch einmal von meiner Tante, die den Haushalt führte, Bratkartoffeln oder ein Spiegelei in die Pfanne getan. Wenn meine ganze Familie an Weihnachten unsere Verwandten dort besuchte und zu Fuß durch den Schnee ging, wir von draußen die Lichter des Weihnachtsbaumes sahen und dann in die von Plätzchenduft erfüllten Räume kamen, fühlte ich mich auch hier geborgen und zu Hause.

All diese Erinnerungen verbinden sich bei mir mit dem Gefühl von Wohlfühlen, Wärme, Gemeinschaft. Und von Geliebtsein. Wenn ich beispielsweise mal eine schlechte Note nach Hause brachte, schaute mein Vater sich das Heft an und sagte dann: »Beim nächsten Mal wird's besser.« Mehr nicht. Das war Ermutigung und Zuspruch zugleich.

So wird jeder seine Erinnerungen an sein Zuhause beziehungsweise Elternhaus haben und eigene Erfahrungen zu den Genannten dazulegen können. Viele Menschen, die längst schon eine eigene Familie gegründet haben, sagen noch immer, wenn sie zu ihren Eltern fahren: »Ich fahre nach Hause.« Es ist eben der Ort der unbeschwerten Kindheit, des Getröstetwerdens, der Lieblingsplatz zum Nachdenken oder Quatschen mit der besten Freundin, dem besten Freund, der Ort, an dem Feste gefeiert wurden und werden. Zu Hause verbindet sich beinahe für jeden mit der Erinnerung an ein ursprüngliches Aufgehoben- und Geborgensein.

Natürlich dürfen hier schwierige Erfahrungen mit dem Zuhause und schmerzliche Erinnerungen an die Kindheit nicht verschwiegen werden. Dazu gehört die Erfahrung, keine Geborgenheit erfahren zu haben, dass Kinder zu früh erwachsen werden und Verantwortung übernehmen müssen und daher keine oder nur eine sehr kurze Kindheit hatten, dass es große materielle und finanzielle Sorgen gab, es ständigen Streit zwischen den Eltern gab oder ein Elternteil ganz abwesend war, dass bewusst oder unbewusst Druck aufgebaut und ausgeübt wurde, damit die Kinder so werden, wie die Eltern sich das wünschten, ohne die Individualität des Kindes zu respektieren.

Umso größer wird in diesen Menschen die Sehnsucht nach einem Zuhause gewesen sein. Jeder trägt in sich die Sehnsucht nach einem Ort, an dem er sich rundherum wohlfühlen, geliebt, angenommen und bejaht fühlen kann. Das ist wohl das, was für viele Menschen zu Hause meint. Und dann ist damit nicht nur der Ort gemeint, an dem man aufgewachsen, seine Kindheit verbracht und erlebt hat, sondern auch der, an dem er augenblicklich mit der Familie, der Ordensgemeinschaft oder alleine wohnt.

Es ist auch der Ort, an den ich Freunde und liebe Menschen einlade. In der Gesellschaft dieser Menschen muss ich mich nicht verstellen, sondern darf der oder die sein, der und die ich bin. Im Beruf gilt es oft, Rollen zu spielen, Erwartungen zu erfüllen und Pflichten nachzukommen. Aber zu Hause bin ich – vielleicht sogar im wahrsten Sinne des Wortes – ungeschminkt. Da erleben mich Menschen auch in Freizeitkleidung, vor dem Fernseher auf dem Sofa, beim Kochen am Herd, an der Waschmaschine – wo und wie auch immer. Da bin ich ich, hier darf ich so sein, wie ich bin. Und hier habe ich meinen Lieblingsplatz, meine Lieblingsdecke, in die ich mich einkuscheln kann. Hier muss ich nicht immer stark sein, sondern darf ich auch schwach sein und meine Familie beziehungsweise Freunde bitten, für mich da zu sein.

Im Letzten geht es um wohlwollende Bejahung und Annahme. Mir wurde das wieder einmal deutlich, als ich kürzlich mit einem Priester sprach, der sein Amt niederlegen wird, um heiraten zu können. Vor dem Gespräch mit seinen Eltern war er ziemlich aufgeregt. Er war dann sehr gerührt und berührt, als sein Vater zu ihm sagte: »Das ist für uns nicht einfach, aber du bleibst unser Sohn.« In ein Zuhause kann man immer kommen, weil man weiß, man wird (wieder) auf- und angenommen.

Aber gerade solche Orte, an denen der Mensch eine emotionale Beheimatung erfährt, gehen heute immer mehr verloren. Viele »klassische« Orte und Strukturen, die Menschen mit »Heimat« oder »Zuhause« verbinden, fallen in unserer Zeit und Gesellschaft weg. An erster Stelle ist hier wohl das Auseinanderbrechen von Ehen und Beziehungen und damit auch von Familien zu nennen. Das statistische Bundesamt benennt für 2013 169.800 geschiedene Ehen. 36% aller geschlossenen Ehen werden demnach innerhalb der nächsten 25 Jahre geschieden.

Mit dem Auseinanderbrechen einer Ehe oder einer Beziehung geht auch die emotionale Beheimatung bei einem anderen Menschen verloren. Das kann einem komplett den Boden unter den Füßen wegreißen, wenn er mehr oder weniger von jetzt auf gleich alleine ist in einem großen Haus, das vorher das Zuhause für beide war. Auch wenn Freunde und Verwandte da sind, mittragen und unterstützen, kann das doch oft die emotionale Nähe zu dem einen Menschen, der einmal die große Liebe war, nicht ersetzen.

Zu solchen Orten der emotionalen Beheimatung, die immer häufiger wegbrechen, gehören auch die Großfamilien, das heißt Gemeinschaften, in denen mehrere Generationen zusammenleben. Früher war dies auf den Dörfern und vor allem auf Bauernhöfen gang und gäbe. Solche Großfamilien boten einen verlässlichen Halt. Hier trug man füreinander Sorge, alle halfen mit, und man erlebte eine verlässliche Gemeinschaft.

Welche Bedeutung und welchen Stellenwert eine solche Gemeinschaft haben kann, wurde mir kürzlich wieder deutlich, als mich ein Bekannter anrief, dessen Vater plötzlich gestorben war. Als ich aus diesem Anlass seine Familie besuchte, zeigten sie mir das im Souterrain des Hauses gelegene Appartement, das der Vater bewohnt hatte. Wie selbstverständlich war die Tür zu seiner Wohnung immer offen gewesen; die Enkel konnten jederzeit zu ihm, und sein Hund konnte stets mit dem Hund der Familie seines Sohnes spielen. Es war ein harmonisches Miteinander. Und der Vater war so etwas wie die »gute Seele« des Hauses. Berührt hat mich, als der Sohn mir erzählte, dass sein Vater und er jeden Abend ein festes Ritual hatten: Zum Abschluss des Tages haben sie gemeinsam in der Wohnung des Vaters die Spätnachrichten geschaut, anschließend noch etwas erzählt und beisammen gesessen. Ich war sehr bewegt von dieser gelungenen Vater-Sohn-Beziehung und konnte ahnen, wie bereichernd dies für beide Seiten war. Beide haben hier wohl Halt erfahren, zumal die Frau des Vaters schon länger verstorben war.

Weitet man diese Erfahrung von Gemeinschaft und Familie aus, dann war auch die Dorfgemeinschaft eine solche, die sowohl Halt als auch Identität und somit Heimat boten. In der Dorfgemeinschaft fand derjenige, der es wollte, eine verlässliche Gemeinschaft. Gerade in kleineren Dörfern kannte jeder jeden. Man wusste, wer mit wem verwandt ist, wer krank, wer im Urlaub, wer im Krankenhaus etc.

Man hielt zusammen und half sich gegenseitig. Die Feste wurden zusammen gefeiert und die Zuständigkeiten waren klar geregelt.

Natürlich konnten solche Dorfgemeinschaften ganz schnell für junge Menschen, die etwas von der Welt sehen wollen, zu eng werden: Zu eng sind dann die ungeschriebenen Gesetze, nach denen eine solche Gemeinsaft funktionierte; nicht selten gab es Meinungsführer und Dorfautoritäten. Deren Meinung galt einfach. Es war klar, was zu tun ist und woran man sich zu halten hatte.

Wenn man heute von der Welt als globalem Dorf spricht, wird deutlich, worin die Ursache für verlorengegangene beziehungsweise -gehende Orte der emotionalen Beheimatung liegt. Gemeint ist zum einen die schnelle Erreichbarkeit beziehungsweise die Kommunikationsmöglichkeit von einem zum anderen Ende der Welt. Jeder ist mit jedem vernetzt. Die modernen sozialen Medien und Netzwerke lassen Menschen viel und schnell in der Welt unterwegs sein. Fast kein junger Mensch, der nicht auf der Straße, in Bussen, in Zügen etc. mit seinem Handy mit anderen in Kontakt ist.

Zum anderen meint die Rede vom »globalem Dorf« aber auch, dass gerade den jungen Menschen die Welt heute offen steht. War früher das eigene Dorf der Ort, in dem man nahezu sein ganzes Leben verbrachte, ist es heute kein Problem, günstig und schnell alle Orte der Welt erreichen zu können.

Das hat jedoch auch eine Kehrseite: Es setzt Menschen unter Stress und Druck. Man ist mobil und ständig unterwegs.

Arbeitgeber erwarten, dass ihre Mitarbeiter – auch im Urlaub – ständig erreichbar sind. Wenn neuerdings in unserer Gesellschaft diskutiert wird, ob ein Gesetz notwendig ist, dass Menschen vor ihren Arbeitgebern schützt, damit sie ihnen nicht übermäßig zur Verfügung stehen müssen und an Feiertagen oder im Urlaub guten Gewissens auch mal nicht erreichbar sein dürfen, dann zeigt dies, wie weit die Arbeit den Menschen heutzutage schon beansprucht.

Mobilität kann in diesem Sinn aber auch heißen, den Wohnort häufiger wechseln zu müssen. Für Menschen, die davon betroffen sind, sind Fernbeziehungen der »Normal-Zustand«.

Unter all diesen Bedingungen erscheint es als sehr schwierig für Menschen von heute, verlässliche Freundschaften und Beziehungen eingehen und somit (emotionale) Heimat finden zu können.

Für viele Menschen war immer auch die Kirche beziehungsweise der Glaube ein solcher Ort von Heimat, ein Ort, an dem der Glaube gelebt und gestaltet wurde. Kirche hat den großen Vorteil, dass sie überall auf der Welt vertreten ist und man, egal, wo man ist, zumindest den Ablauf eines Gottesdienstes kennt und man sich darin in der Fremde, im Unterwegs-Sein aufgehoben fühlen kann.

Aber auch diese Beheimatung geht vielen Menschen heute verloren. Nicht nur, dass immer mehr Großgemeinden entstehen und viele »ihren« Priester vor Ort vermissen. Viele fühlen sich auch mit ihrer Lebensweise von ihrer Kirche nicht akzeptiert, zum Beispiel Menschen, die geschieden und wieder verheiratet sind, oder Homosexuelle. Auch wenn ihnen von der Kirche eine grundsätzliche Akzeptanz entgegengebracht wird, so fühlen sie sich doch ausgegrenzt, weil sie entweder nicht die Sakramente empfangen dürfen oder nicht so lieben dürfen, wie es für sie richtig ist. Diese und viele andere Menschen empfinden Kirche als veraltet und trauen ihr nicht zu, wirklich tragfähige Antworten für ihr Leben zu geben.

Auch wenn aufgrund dieser Tatsachen Menschen die Kirche verlassen und austreten: Der Mensch bleibt auf der Suche. Deutlich wurde mir dies in zwei Zeitungsartikeln im Sommer 2014. Im Juni warteten »Der Spiegel« und »DIE ZEIT« mit ähnlichen Titeln auf. »Der Spiegel« titelte: »Ist da Jemand? – Zukunft der Religion: Glauben ohne Gott« und »DIE ZEIT«: »Suche Segen ohne Gott!« Beide Zeitungen gingen in den jeweiligen Artikeln dem Phänomen nach, dass immer mehr Menschen sich von der Kirche und dem christlichen Gott abwenden. »DIE ZEIT« beschrieb dabei ausführlich, dass immer mehr freie Redner engagiert werden, um an wichtigen Wendepunkten des Lebens rituelle Feiern zu gestalten, die von einem »Ritualdesigner«

ganz individuell auf den Menschen zugeschnitten werden, der dieses Ritual feiert.

Für mich wurde hier eines deutlich: Trotz der Abwendung von einem kirchlichen beziehungsweise christlichen Gottesbild bleibt die Sehnsucht des Menschen nach Bejahung, Willkommensein und Aufgehobensein.

Wo aber findet der Mensch heute mit seinen vielfältigen, oft oberflächlichen Vernetzungen diese Bejahung und dieses Willkommensein? Wo findet er Identität und Halt? Wo emotionale Heimat?

## In Gott wohnen

Benedikt spürte als junger Mensch, dass er im Rom seiner Zeit in ausschweifenden Festen keinen Halt würde finden können. Er verließ sogar seine Amme, die ihm eigentlich als »zweite Mutter« ein Zuhause und Heimat hätte bieten können. Aber er fühlte, dass er nach mehr suchte, und er nahm die Notwendigkeit wahr, dass ein junger Mann sich von seiner Mutter lösen muss.

Franziskus hatte genug Freunde, mit denen er unterwegs war, die ihn mochten, die ihm Anerkennung gaben und die zu ihm hielten. Aber auch er spürte, dass da etwas anderes und Größeres ihn rief: ein göttlicher Vater, für den er alles Irdische liegen ließ. Von diesem Vater aber wurde er mit Freude und Tanz erfüllt; er liebte die ganze Schöpfung, weil er sich von ihm reich beschenkt wusste; er konnte vom Tod als »Bruder« sprechen, weil er wusste, dass er im Sterben für immer in seine eigentliche Heimat und sein eigentliches Zuhause eingehen würde.

Nikolaus von Flüe hatte alles, was ein Mann sich zu seiner Zeit im Leben wünschen konnte: eine Familie, die ihn liebt und für die er Vater war. Er war wohlhabend und sowohl gesellschaftlich als auch politisch respektiert und geachtet. Er hatte eine äußere und emotionale stabile Heimat. Und doch wurde auch er von Unruhe, ja Depression ergriffen, weil aus seiner Seele ein Sehnen sprach, das nach mehr suchte als nach irdischer Beheimatung.

Madeleine Delbrêl wurde so von Gott ergriffen, dass aus der Atheistin eine Mystikerin wurde. Gerade aber diese tiefe Beziehung zu Gott führte sie mitten zu den Menschen auf die Straßen. Weil sie ihn dort fand und dort bezeugen wollte beziehungsweise die Menschen sehend mache wollte für diese Gegenwart Gottes mitten in und unter ihnen.

All diese Menschen sind nur Beispiele aus der Geschichte. Es ließen sich noch viele andere anführen, die eine ähnliche Sehnsucht, ein ähnliches Suchen in sich gespürt haben, dem sie einfach folgen mussten. Sie haben sich auf die Suche nach Gott gemacht, ihn gefunden und in ihm und mit ihm gelebt. In ihm haben sie Heimat, Annahme und Aufgehobensein, letztendlich »Geliebtsein« gefunden. In ihm konnten sie wohnen und zu Hause sein. Dieses zu Hause sein bei Gott geschah immer – auch wenn sie unterwegs waren zu den Menschen. Auch wenn sie selten die Füße hochlegten und sich ausruhten, so hatten sie doch eine Heimat in Gott und ruhten in ihm und in sich selbst.

Von dem Gott, der ihm Heimat war und bei dem sich Jesus zu Hause fühlte, sprach er als Vater, eigentlich sogar als »Papi«. Wenn ich das Wort »Papi« höre, entsteht vor meinem Auge das Bild eines Kindes, das sich ganz vertrauensvoll von seinem »Papi« in die Arme nehmen lässt, seine Sorgen loslassen kann und einfach alles für den Augenblick gut ist – einfach weil »Papi« da ist. Vielleicht klingt ein solches Reden von Gott neu und ungewöhnlich. Und das dann wohl deshalb, weil Gott dem Menschen dabei so nahe kommt wie ein Vater beziehungsweise ein geliebter Mensch. Er ist nicht der ferne, dem Menschen entrückter Gott. Er ist der Gott, der dem Menschen nahe sein will und ist.

Genau deshalb ist für mich persönlich der christliche Glaube so überzeugend: weil er von einem so nahen Gott spricht. Von einem Gott, der von sich selbst sagt: »Ich-bin-da«. Und wie er Mose ruft und mit ihm in Beziehung tritt, so ruft er jeden Menschen bei seinem Namen und will mit ihm in Beziehung sein. Beim Propheten Jeremia im Alten Testament heißt es: »Und nun spricht der Herr, der dich geschaffen hat, Jakob, und dich gemacht hat, Israel: ›Fürchte dich nicht, denn ich habe dich erlöst; ich habe dich bei deinem Namen gerufen; du bist mein!‹« (Jeremia 43,1). Diese Zusage gilt jedem Menschen: »Ich habe dich bei deinem Namen gerufen.« Gott ruft und meint jeden

Einzelnen als sein einmaliges Ebenbild, das jeder Mensch ist, wie es im ersten Schöpfungsbericht heißt.

So wie jeder Mensch einmaliges und unverwechselbares Ebenbild Gottes ist und bei seinem Namen gerufen und angesprochen werden kann, so ist Gott als mit dem Namen »Jahwe« – »Ich bin da«« unverwechselbar, einmalig, ein Gott. Was ist das für ein Geschenk: Ich kann und darf Gott bei seinem Namen nennen, und er nennt mich bei meinem. Der Mensch, der sich ihm zuwendet, sagt »Du« zu ihm. Nicht »Sie, Herr Gott«. Hier geschieht sozusagen Begegnung auf Augenhöhe – von Mensch zu Gott und von Gott zu Mensch.

Wie dieser Gott für den Menschen da ist, wird beispielhaft deutlich in dem Gleichnis vom barmherzigen Vater, das Jesus seinen Zuhörern erzählt: Ein Vater hat zwei Söhne. Der jüngere Sohn fordert eines Tages seinen Erbteil. Normalerweise bekamen Söhne diesen erst nach dem Tod des Vaters. Der Vater gibt seinem Jüngsten aber anstandslos diesen Erbteil. Der Sohn zieht los, hinaus in die Welt, und verschleudert sein Vermögen. Nach kurzer Zeit ist nichts mehr vom Geld übrig, und als er Hunger leidet, lässt er sich von einem Bürger der Stadt zu dessen Schweinen schicken, um diese zu hüten. Für einen Juden waren Schweine unreine Tiere, und somit ist dieser Sohn am untersten Ende der sozialen Skala im jüdischen Leben angekommen. Jetzt geht er in sich, erkennt, dass die Tagelöhner seines Vaters mehr zu essen haben als er selbst, und beschließt, nach Hause zurückzukehren. Er will seinen Vater bitten, ihn als Tagelöhner zu beschäftigen. Dieser aber steht am Fenster – wie er dies all die Zeit getan hatte, weil er auf die Rückkehr seines Sohnes wartete – und als er ihn jetzt kommen sieht, läuft er los, ihm entgegen, fällt ihm um den Hals und küsst ihn. Der Sohn kommt gar nicht dazu, sein Schuldgeständnis vorzutragen. Stattdessen befiehlt der Vater seinen Knechten, das beste Gewand zu holen, dem Sohn Schuhe und einen Ring anzuziehen und das Mastkalb zu schlachten, denn es müsse ein Fest gefeiert werden, weil sein Sohn tot gewesen sei und er ihn lebend wiederbekommen habe. Der Sohn wird hier wieder als Sohn aufgenommen. Der Vater fragt nicht, wo er gewesen ist, fordert nicht das Geld zurück, macht dem Sohn keine Vorwürfe – da ist pure Freude über die Rückkehr.

Der ältere Sohn, der in all den Jahren beim Vater geblieben war, hört die Musik und die fröhliche Stimmung, als er vom Feld kommt. Als er erfährt, was da los ist, will er nicht zum Fest gehen. Alles gute Zureden des Vaters hilft nichts. Er ist verärgert und fühlt sich ungerecht behandelt, weil er all die Jahre seinem Vater geholfen hat, aber auch nie nur ein Fest mit seinen Freunden feiern konnte. Aber kaum kommt sein jüngerer Bruder nach Hause, der sein Erbteil »mit Huren durchgebracht hat«, wird das Mastkalb geschlachtet. Er ist in seinem Herzen festgefahren und verbittert. Er ist der Rechtschaffene und denkt, das würden belohnt vom Vater und über seinen Bruder würde ein hartes Urteil gesprochen, eine gerechte Strafe verhängt.

Diese Haltung entspricht den Gesetzeslehrern, die sich immer wieder über Jesus aufregten – darüber, dass er Sünden vergab im Namen Gottes, barmherzig war und sich angeblich nicht an die gegebenen Gesetze hielt. Immer wieder versteht es Jesus, seine Zuhörer zu überraschen. So auch in diesem Gleichnis. Er lässt den Vater zum älteren Sohn sagen: »Jetzt müssen wir uns doch freuen und ein Fest feiern; denn dein Bruder war tot und lebt wieder; er war verloren und ist wiedergefunden worden.« Kann da einer widersprechen, dass man sich mit einem ins Leben zurückgekehrten Menschen freut? Mit einem, der aus der Verlorenheit zurückgefunden hat? Aus dem sozialen Abstieg wieder herausgekommen ist?

Papst Franziskus hat zum Ende der Familiensynode in Rom im vergangenen Oktober in einer Rede von den Versuchungen gesprochen, denen die Teilnehmer dieser Synode ausgesetzt waren. Eine Versuchung sei gewesen – so der Papst –, sich von Gott nicht mehr überraschen lassen zu wollen. Zu meinen, er sei ein für alle Mal festgeschrieben und zementiert. Auch heute gibt es noch Menschen, die Gott in ein Belohnungs-und Bestrafungsschema stecken wollen, ihn darin festhalten. Es ist und bleibt aber die Botschaft Jesu: Gott ist der barmherzige Vater, der jeden Menschen voller Freude in seine Arme nimmt. Gott gibt keinen Menschen auf oder verloren, und jeder kann sich immer zu ihm hinwenden – egal, wie tief er in seinem Leben gesunken ist. Es gibt kein endgültiges »Aus« bei diesem Gott, bei diesem Vater, bei diesem »Papi«.

Jesus zeigt mit diesem Gleichnis, was das Leben eigentlich sein soll: ein Fest der Sohnschaft, ein Fest der Gotteskindschaft, ein Fest, das in den Armen Gottes getanzt wird und von Freude getragen ist, von der Freude an Gott und seiner Liebe und Sorge für den Menschen.

In Deutschland erscheint mir die Kirche – wenn man es so pauschal sagen kann – oft freudlos. Ich habe manchmal den Eindruck, dass in der Kirche lange Zeit das Augenmerk auf die Sünde des Menschen gelegt worden ist und nicht so sehr auf die befreiende und frohmachende Botschaft Jesu. Und dass Menschen sich wegen der ihnen oft vor Augen geführten Sündhaftigkeit kleingemacht haben beziehungsweise sich so gefühlt haben. Angesichts der Barmherzigkeit Gottes kann und darf der Mensch aber zu sich selbst stehen, mit all seinen Schwachheiten und Fehlern, und zugleich wissen: Ich bin geliebt, angenommen als Sohn, als Tochter.

So wie der Sohn im Gleichnis darf der Mensch zu sich selbst zurückkehren und zu dem, was er im Tiefsten selbst ist: einmalig geschaffener Sohn beziehungsweise einmalig geschaffene Tochter. Vielleicht wäre neben »Der barmherzige Vater« oder »Von den beiden verlorenen Söhnen« das ein neuer Titel für dieses Gleichnis: »Der heimkehrende Sohn«. Er kommt nach Hause, er kommt an den Ort des bedingungslosen Geliebt- und Angenommenseins und nimmt neu Wohnung im Haus seines Vaters.

Darum geht es eigentlich auf dem christlichen Weg: nach Hause zu kommen. Manchmal sagt man das von verstorbenen Menschen: Sie sind nach Hause zurückgekehrt. Aber die Rückkehr zum Vater, zu Gott, will nicht erst am Ende geschehen, sondern jetzt, indem ich in dem Gott, der »Abba« heißt, Wohnung nehme und mich damit in mir selbst beheimate.

## »Du musst deinem Gott nur bis zu dir selbst entgegengehen«

Der Sohn im Gleichnis musste seinen Weg gehen, um am Ende wieder zu Hause anzukommen. Er hatte sich im »Außen« verloren. Auch heutige Menschen stehen in Gefahr, sich im »Außen« zu verlieren. Sie müssen sich oft nach dem richten, was von außen an sie heran getragen wird, müssen Anforderungen, Erwartungen und Pflichten erfüllen, Beziehungen und Kontakte pflegen.

Von diesem »Außen« gilt es, zu sich selbst zurückzukehren. Dies meint die liebende Zuwendung zu dem Menschen, der ich selbst bin. Und die achtsame Wahrnehmung meines ganzen Menschseins. Eine solche liebende Wahrnehmung richtet die Aufmerksamkeit auf meinen Leib. Im Gegensatz zum Körper meint der Begriff »Leib« dabei den Menschen als Einheit von Leib und Seele. Dieser Leib – sagt der Apostel Paulus – ist heilig und der Wohnort Gottes. So wie beim heimkehrenden Sohn der Vater am

Eingang des Hauses, so wartet Gott in mir selbst auf mich. Und so wie er dem heimkehrenden Sohn entgegenläuft, ihn umarmt und küsst, so steht am Eingang der Wahrnehmung meiner selbst, meines Leibes, Gott und umarmt und küsst mich. Und zwar so, wie ich selbst bin – in meiner Einheit als Leib und Seele. Als sein einmaliges Geschöpf.

Am Abend eines jeden Schöpfungstages heißt es im biblischen Schöpfungsbericht: »Und siehe, es war gut.« So ist es auch bei jedem Menschen: Am Eingang meines Selbst sagt Gott: »Siehe, es ist gut, dass du bist, Mensch – so, wie du bist. In deinem Leib und in deiner Seele. Klar, du wirst immer eine Macke an deinem Leib finden – zu dick, zu dünn, die Haarfarbe gefällt dir nicht, die Augenfarbe hättest du gerne anders und so weiter. Und deine charakterlichen Macken, die magst du auch nicht alle. Die eine oder andere hättest du dir selbst nicht ausgesucht. Aber so, wie du bist, bist du gut.« Weil Gott mich liebend empfängt und annimmt, darf ich mich selbst annehmen, bejahen, mich in mir selbst und meinem Leib wohl und zu Hause wissen und fühlen.

Schön zusammengefasst hat das Bernhard von Clairvaux in dem Text, aus dem die Überschrift dieses Kapitels stammt: »Du musst deinem Gott nur bis zu dir selbst entgegengehen«. Er macht noch einmal deutlich: Bei mir selbst zu Hause zu sein und in Gott zu wohnen ist ein und dasselbe. Im Ganzen lautet das Zitat:

»Du musst nicht über Meere reisen,
musst keine Wolken durchstoßen
und musst nicht die Alpen überqueren.
Der Weg, der dir gezeigt wird, ist nicht weit.
Du musst deinem Gott nur
bis zu dir selbst entgegengehen.«

Der Weg zu Gott ist nicht weit. Nur so weit wie der Weg von meiner Außen- in meine Innenwahrnehmung. Dort in mir ist Gott und dort in Gott bin ich.

Früher bestand der Weg des Glaubens oft im Einhalten von Geboten und Gesetzen. Man tat es einfach, es war einfach so. Und wenn man ein Gebot nicht gehalten hatte, ging man zur Beichte und konnte es anschließend von Neuem versuchen. Meiner Ansicht nach ist es eine Wiederentdeckung der letzten Jahrzehnte, dass Glaube etwas zutiefst Innerliches ist, weil Gott eben im Menschen wohnt. Daher ist heute jeder Einzelne gefragt und eingeladen, sich aufzumachen, seinem Gott entgegenzugehen auf seinem ganz eigenen Weg und auf diesem Weg sein eigener Seelsorger zu sein.

## »Ich bin Kirche« – jeden Tag mein eigener Seelsorger sein

Die Kirchenbewegung »Wir sind Kirche« wurde 1995 zur Durchführung eines Kirchenvolksbegehrens gegründet. Ihre Forderungen beziehen sich auf eine mehr geschwisterlich statt hierarchisch geprägte Kirche.

Der Name macht deutlich, dass nicht nur Papst, Bischöfe, Priester und Diakone – also Amtsträger – Kirche sind, sondern eben alle Christen: die sogenannten Laien genauso wie die, die durch die Weihe ein Amt übertragen bekommen haben. Bis vor einigen Jahrzehnten war es selbstverständlich, dass es in einer deutschen katholischen Gemeinde einen oder mehrere Seelsorger gab. Diese sorgten für die ihnen anvertraute Gemeinde. Dazu gehörte in erster Linie die Sicherstellung, dass alle Mitglieder der Pfarrei mit den Sakramenten versorgt wurden – also die Taufe empfingen, dann die Erstkommunion, die Firmung, die Hochzeit, später dann die Krankensalbung – und natürlich regelmäßig zur Beichte gingen.

Heute beklagen Theologen zu Recht, dass man darüber vergessen hat, die Menschen auch zu initiieren, das heißt, in den Glauben einzuführen. Das wiederum meint nicht nur die Vermittlung von Glaubensinhalten, sondern vielmehr die Hinführung der Menschen zu einer Erfahrung und Begegnung mit Gott, oder noch anders: zu der Erfahrung, dass der Glaube nicht nur ein Lehrgebäude ist, das ich zu bejahen habe, sondern es um einen lebendigen Gott geht, der mir wirklich existenzielles Fundament werden kann, um mich durchs Leben zu tragen – sogar noch im Tod.

Heute gibt es in mehreren deutschen Diözesen den Weg des Erwachsenenkatechumenates: Erwachsene, die noch nicht getauft sind, bereiten sich über einen längeren Zeitraum auf die Taufe vor. Erst das Zweite Vatikanische Konzil hat diese Würde aller Getauften wiederentdeckt. Die Taufe ist das grundlegende Sakrament. In ihm wird dem Täufling die Würde, die ihm als Sohn/Tochter Gottes zukommt, ausdrücklich zugesprochen. Nach der Taufe wird der Täufling mit Chrisam gesalbt, ein Öl, das schon im Alten Testament bei der Salbung der Könige verwendet wurde. Nach damaligem Glauben waren die Könige von Gott eingesetzt und berufen. Mit dem Öl wurde ihre besondere königlich-göttliche Würde besiegelt. Wer heute in der Taufe gesalbt wird, dem wird ausdrücklich zugesprochen, dass er als Sohn/Tochter Gottes eine königliche, unvergängliche Würde hat – dass er/sie für Gott unendlich kostbar ist. Eigentlich – unausgesprochen – gilt dies aber für jeden Menschen.

Heute, da immer weniger Priester für immer mehr Gemeinden zuständig sind, ist es an der Zeit, die Strukturen in der Kirche von der versorgten Gemeinde auf die sorgende Gemeinde umzustellen. Christen dürfen lernen, dass sie nicht mehr alles an den »Herrn Pfarrer« delegieren können und dürfen. Und sie müssen es auch gar nicht, denn sie sind selbst befähigt, Seelsorger zu sein – Kraft ihrer Würde als Gottes geliebtes, königliches Kind.

Warum mir das an dieser Stelle so wichtig ist, liegt im Titel des Buches begründet: Bei sich selbst zu Hause zu sein meint eigentlich nichts anderes, als zunächst einmal sein eigener Seel-Sorger zu werden, also gut mit der eigenen Seele und mit dem eigenen Leib umzugehen oder dies zumindest zu lernen. Denn wie soll jemand für andere da sein, wenn er nicht für sich selbst da sein kann?

Sorge für die Seele zu tragen, heißt – wie es oben deutlich wurde – in Berührung mit der eigenen Seele zu kommen und Sorge dafür zu tragen, dass sich das Bild, das sich Gott von mir gemacht hat, entfalten darf und dafür entsprechende Schritte zu tun.

Wenn Menschen von Gott auf ihren eigenen Weg gerufen werden, sind das immer ganz intime Momente. Moses Berufung geschieht am Dornbusch – hier sind nur er und Gott. Samuels Berufung geschieht in der Nacht im Tempel – sein Ja zu Gottes Ruf spricht er ganz allein. Elija hört Gott in der Höhle auf dem Berg – hier sind nur er und Gott.

Nicht selten ist in der mystischen Literatur die Begegnung zwischen Gott und Mensch in erotischer Sprache beschrieben worden, weil sie als genauso intensiv, dicht und erfüllend wie die intime Begegnung zweier sich liebender Menschen empfunden wurde. Wer also in Gott sich selbst begegnen will, braucht dafür intime Zeiten und Räume.

Wir Benediktiner haben einen sehr geordneten und strukturierten Alltag. Für alle Bedürfnisse sind hier feste Zeiträume reserviert: Zeiten für das Gebet genauso wie für die Arbeit, Zeit für die Gemeinschaft genauso wie für mich selbst, Zeiten für Essen und Trinken genauso wie für Schlafen und Erholung.

Wenn du Gottes Botschaft in deiner jetzigen Lebenssituation auf die Spur kommen möchtest, brauchst du dafür Zeit. Daher kann es notwendig sein, dir feste Zeiten für dich selbst zu reservieren, damit du dich in deinem Alltag nicht vergisst. Und diese Zeiten müssen heilig sein.

Eine feste Tagesstruktur kann dabei helfen. Vielleicht muss diese jeden Tag anders aussehen – je nachdem, welchen Herausforderungen und Aufgaben du ausgesetzt bist. Es kann auch helfen, sollte einfach keine Zeit sein, dir selbst oder deiner Seele zu sagen: Heute ist es nicht möglich, aber morgen oder in zwei Tagen nehme ich mir bewusst die Zeit, um mich mit mir und dem, was ansteht, auseinanderzusetzen.

Ebenso braucht es für diese Auseinandersetzung einen heiligen Raum – einen Schutzraum, zu dem nur du, Gott und Menschen Zutritt haben, denen es du ausdrücklich erlaubst. Ein Raum, in dem du ungestört bist, in dem du für dich und deinen Gott da sein kannst. Das kann zunächst ein ganz konkreter Raum oder Platz in deiner Wohnung oder in deinem Haus sein. Es kann auch nur ein kleiner Bereich im Wohnzimmer sein, der für dich reserviert ist.

Dieser Raum sollte angenehm gestaltet sein, sodass du dort zur Ruhe kommen, dich konzentrieren kannst und bei und in deinem Gott verweilen kannst. Hier kannst du dich Gott hinhalten, so, wie du bist, seine Gegenwart wahrnehmen, in dich hineinlauschen auf die leise Stimme in dir und so dir selbst Zeit, Raum und Aufmerksamkeit schenken.

Es kann jedoch auch die Schöpfung ein solch heiliger Raum sein, weil Gott hier gegenwärtig ist. Ein Wald kann dann wie eine große, gotische Kathedrale sein. Die Bäume sind wie die Säulen dieser Kathedrale, durch sie hindurch fällt das Licht ein. Hier kann ich mich aufrichten – dem Licht entgegen. Das Entscheidende bleibt immer die innere Haltung – das Bei-mir-Sein, das Nach-innen-Hören, das Bei-mir-in-meinem-Gott-Verweilen. Das Da-Sein in meinem Leib. Hier entscheide ich – selbst, wenn ich in der Großstadt mitten in der Einkaufszone unterwegs bin –, was ich in mein Inneres hineinlasse und was nicht, welchen Lärm ich in mich aufnehme und welchen nicht, ob ich mich von der Hektik um mich herum anstecken lasse oder nicht; ob ich die leise Gegenwart Gottes wahrnehme oder nicht.

In all dem mag deutlich werden, dass es immer um eine aktive Auseinandersetzung mit mir, meinem Leben und meinem Gott geht. Aktiv heißt dann zunächst bewusst: Ich verdränge nichts, sondern schaue alles liebevoll und achtsam an, was ist, bewerte es nicht und gehe damit um.

Mir ist ein Satz, den ein Mitbruder einmal gesagt hat, ein treuer Begleiter auf meinem Weg geworden: »Alles, was du nicht ausdrückst, verhakt sich in der Seele.« Die einfachste

Art und Weise, meine »Seele« auszudrücken, ist für mich das Schreiben eines Tagebuches. Damit kann ich einen Rückblick auf den vergangenen Tag halten, kann dankbar auf das viele Gute, das ich erleben durfte, schauen, kann mir aber auch meinen Ärger, meine Wut von der Seele schreiben, kann reflektieren, warum ich ärgerlich oder wütend war.

Wenn ich mein Leben aktiv und bewusst gestalte, darf ich darauf vertrauen, dass meine Seele auf dem Weg bleibt, mich führt und ich sie immer mehr verstehen lernen darf – ich immer mehr bei mir selbst zu Hause sein darf. Zu dieser aktiven und bewussten Gestaltung wollen die Übungen, die jetzt folgen und immer am Ende eines Kapitels stehen, einladen.

# Übungen

## *Umarme dich selbst*

Als ich 2007 von meinem zweijährigen Tansania-Aufenthalt zurückkam, habe ich mir ein geschnitztes Türschild mitgebracht. Auf diesem steht »Karibu« – das tansanische Wort für »Willkommen«. Dieses Schild hängt bis heute an meiner Mönchszelle – von außen. Immer, wenn ich am späten Nachmittag von der Arbeit auf mein Zimmer gehe, erinnert es mich daran, dass ich mich selbst bei mir willkommen heißen darf. Das ist besonders dann wichtig, wenn mein Arbeitsalltag viel Stress, Hektik, Ärger und so weiter mit sich gebracht hat. Auch Mönche verlieren sich manchmal darin, selbst wenn viele Menschen denken, wir ruhen immer in uns. Umso wichtiger ist es dann, mich, wenn ich in mein Zimmer komme, willkommen zu heißen. Damit kehre ich zu mir zurück und lasse den Stress und Ärger hinter mir. Ich wende mich liebevoll mir selbst zu und schenke mir Aufmerksamkeit. Die folgende Übung lädt dich ein, dich dir selbst liebevoll zuzuwenden. Wenn du von deiner Arbeit, bei der du Stress und Ärger ausgesetzt warst, zu dir selbst zurückkehrst, kannst du dir selbst liebevolle Aufmerksamkeit schenken – dich selbst bei dir willkommen heißen:

Mach es dir bequem. Stell dich entweder gut und entspannt hin oder setze dich bequem in einen Sessel oder auf die Couch. Vielleicht machst du Musik an oder zündest dir eine Kerze an. Stell eine Atmosphäre her, von der du weißt, dass sie dir guttut.

Dann nimm dich in den Arm, indem du deine Arme um deine Schultern legst und dich festhältst. Stelle dir vor, dass Gott dich in seine Arme nimmt und zu dir sagt: »Schön, dass es dich gibt und dass du da bist.«

Verweile in dieser Übung und lasse sie auf dich wirken. Wenn deine Gedanken abschweifen, dann hole deine Aufmerksamkeit zurück in den Augenblick. Sei ganz da im Gehaltenwerden und der Umarmung.

Beende diese Übung, wenn es für dich gut ist und du aus ihr herausgehen möchtest.

Diese Übung kann auch eine Form des Gebetes sein, weil du dich von Gott halten lässt und einfach bei ihm bist mit deiner Aufmerksamkeit.

## *Betrachte dich wohlwollend im Spiegel*

Von Klaus Hemmerle, dem früheren Bischof von Aachen, ist die Geschichte überliefert, dass er, als er morgens nach dem Aufstehen vor dem Spiegel stand, zu sich selbst gesagt haben soll: »Und du zerknittertes Gesicht bist Gottes Ebenbild!«

Vielleicht kennst du diesen Gedanken, wenn du dich selbst anschaust – und vielleicht fällt es dir schwer zu glauben, dass es tatsächlich so ist. Um diese Selbstbejahung zu üben, stell dich vor einen Spiegel. Schau dich an. Nimm dich selbst genau in den Blick – jedoch nicht mit der »Schönheitsbrille«, durch die du nicht das siehst, was schön ist, sondern nur das, was vom Schönheitsideal abweicht, und mit der du jeden Makel suchst, den du an dir finden kannst.

Betrachte dich stattdessen mit dem Blick liebender Aufmerksamkeit: Verweile bei jedem Teil deines Gesichts, das du im Spiegel siehst. Lass dir Zeit. Kein zweiter Mensch sieht genauso aus wie du. Und so, wie du dich jetzt siehst, bist du Gottes heiliger Tempel.

Nimm ganz bewusst deine Ohren, deine Nase, deinen Mund, deine Augen, deine Wangen, deine Haare wahr – ohne zu urteilen. Dabei kannst du folgenden Satz dir selbst laut zusprechen: »Ich bin schön – weil Gott mich geschaffen hat. Ich nehme mich an, liebe und bejahe mich, weil Gott Ja zu mir gesagt hat. Mein Leib ist

Gottes Tempel, er hat in mir Wohnung genommen, ist bei mir zu Hause.«

### *Würdige deinen Leib*

Die vorhergehende Übung kann dann noch weitergehen und du kannst mit deinen Händen deinen Leib berühren, abtasten und jeden einzelnen Körperteil würdigen, ihm liebevolle Aufmerksamkeit schenken. Dieser Leib bist du. In ihm bewegst du dich, drückst du dich aus, machst du Gott und seine Liebe sichtbar und begreifbar in dieser Welt.

Von Jesus ist die Erzählung von der Salbung überliefert. Im Lukasevangelium heißt es: »Als nun eine Sünderin, die in der Stadt lebte, erfuhr, dass er (Jesus) im Haus des Pharisäers bei Tisch war, kam sie mit einem Alabastergefäß voll wohlriechendem Öl und trat von hinten an ihn heran. Dabei weinte sie, und ihre Tränen fielen auf seine Füße. Sie trocknete seine Füße mit ihrem Haar, küsste sie und salbte sie mit dem Öl.« Jesus versteht dies als Zeichen der Liebe und Zuneigung. Es ist auf jeden Fall eine sehr innige Geste, die nicht nur den Menschen oder den Geist, der in ihm wohnt, wertschätzt, sondern ganz konkret auch den Körper in diese Wertschätzung mit einbezieht, seine Kostbarkeit zeigt, weil er mit einem seltenen und teuren Öl eingerieben wird.

Du kannst nach einem Bad oder einer Dusche deinen Leib einmal mit »wohlriechendem Öl« salben und ihn so mit liebender Aufmerksamkeit bewusst wahrnehmen, dich ihm bewusst zuwenden, ihn wertschätzen und dich in ihm zu Hause fühlen – als Ort der Gegenwart Gottes.

### *Danke deinem Leib*

Als ich 1999/2000 nach Santiago de Compostela gepilgert bin, habe ich jeden Abend meine Füße massiert, sie mit Fußbalsam eingerieben – und ihnen ganz bewusst gedankt, denn sie haben mich insgesamt knapp 2000 Kilometer in 93 Tagen getragen. Doch eigentlich gilt das nicht nur für die Füße: Eigentlich ist es doch wunderbar, was unser Körper an einem Tag alles leistet! Denk an deine Hände und Arme, mit denen du so vieles erledigen, aber auch einen anderen Menschen umarmen kannst.

Denke aber auch an deine Sinnesorgane: Du kannst dich zum Beispiel am Abend jedes Tages fragen, was deine Augen heute an Schönem gesehen haben, deine Ohren gehört haben, wohin dich deine Füße getragen, was deine Nase alles riechen, dein Mund alles schmecken durfte und deine Hände alles berühren durften – und ihnen dafür danken. Dann kannst du entdecken, wie viel Wunderbares du an einem einzigen Tag erfahren und erleben konntest.

So wirst du sensibel für die Schönheit der Schöpfung und der – manchmal verborgenen – Gegenwart des Schöpfers in allem. Gott möchte, dass du an dir selbst, an diesem Leben und an seiner Schöpfung Freude hast. Vielleicht kannst du spüren: Du bist eigentlich überall zu Hause, in jedem Moment, weil Gott dich überall erwartet – du musst es nur sehen.

## *Gestalte deinen Lebensraum*

Auch der äußere Lebensraum trägt viel zum Wohlbefinden des Leibes, der Seele und des Menschen bei. Gestalte die Räume, in denen du lebst, so, dass du dich darin wohlfühlst.

Vor einiger Zeit warb eine Möbelkette mit dem Slogan: »Wohnst du noch oder lebst du schon?« Dein Wohnraum sollte also Lebensraum sein, nicht bloß ein »Aufenthaltsraum«, nicht nur Raum, damit du irgendwo einen Platz zum Schlafen hast, sondern lebendiger Raum, der dich mit deiner Lebendigkeit und deinem Gott in Berührung bringt. Dazu kannst du ihn so gestalten, dass er so etwas wie ein Spiegel deiner Persönlichkeit wird, indem du zum Beispiel Bilder von dir und von Menschen, die dir wichtig sind, aufhängst, du dir eine »Kuschelecke« einrichtest, Kerzen oder Raumdüfte aufstellst oder dir mit Pflanzen das Leben ins Haus holst. Auch Bilder von Heiligen, die dich inspirieren, oder eine heilige Schrift, in der dir wichtige Sätze markiert sind, können hier ihren Platz haben.

Vielleicht kann es für dich auch einen Ort geben, der »handyfrei« ist, Laptop und alle anderen Geräte keinen Zutritt haben. Einen Ort, an dem du ganz für dich da sein kannst – ohne Störungen und Ablenkungen. Es mag am Anfang ungewohnt sein, nur mit dir selbst alleine zu sein. Vielleicht entdeckst du aber nach einiger Zeit, wie wohltuend es ist, einmal unerreichbar, »offline«, bei dir selbst zu Hause zu sein. Du kannst hier in Ruhe wahrnehmen, wie es dir gerade geht, wie du dich fühlst, ein Buch lesen, Tagebuch schreiben oder einfach deinen Gedanken nachhängen.

## Still werden

Wenn ich manchmal mit anderen ins Gespräch komme und sie mir sagen, dass Gott so weit weg sei und sie daher überhaupt nichts mit ihm anzufangen wüssten, frage ich sie gerne etwas provozierend: »Vielleicht bist du auch nicht da?«

Wenn Gott im Menschen wohnt, ich aber als Mensch in meiner Hektik und Betriebsamkeit gerade mal nicht in mir ruhe, sondern wieder von vielen äußeren Anforderungen beansprucht werde, ist es schwierig, seine Gegenwart in mir wahrzunehmen. Deshalb ist das Stillwerden eine wichtige Übung. Einmal abschalten, allen äußeren Lärm sein lassen und einfach nur da sein und mich selbst wahrnehmen. Erst einmal spüren: Wo bin ich denn gerade? Wo ist denn gerade meine Aufmerksamkeit? Wo sind meine Gedanken? Und dann versuchen, ganz bei mir zu sein – und für diese Zeit der Stille nur da zu sein, mich wahrnehmen und spüren.

»Nichts« zu tun, einfach bei sich zu sein und für sich selbst da zu sein ist für Menschen, die viel unterwegs sind und deren Arbeitstage lang sind, nicht einfach. Denn eine Zeit, in der ich nicht arbeite, kann ganz schnell auch das Gefühl auslösen, unnütz zu sein, nichts Produktives zu tun. Alles ist heute der Forderung nach Optimierung unterworfen. Alles muss einen Effekt haben. Wenn es schon eine Armbanduhr gibt, die mir erzählt, wie viel Kalorien ich heute schon zu mir genommen habe und wie viel ich noch aufnehmen darf, dann ist kein entspanntes Essen, Trinken und Genießen möglich. Alles wird kontrolliert und dokumentiert. Nichts darf schiefgehen, alles muss perfekt sein. Im christlichen Menschenbild hängt der Wert eines Menschen nicht an der Arbeit und nicht an dem, was er leistet. Er ist wertvoll und hat eine Würde, weil er ist, er einfach als Geschöpf Gottes da ist.

Für die Wahrnehmung und Hinwendung zu mir selbst als wertvollem Geschöpf Gottes halte ich Stille daher für unerlässlich. Sie bietet die Möglichkeit, ganz bei mir selbst ankommen zu können. Ich kann die laute Welt einmal hinter mir lassen und mich selbst einfach nur wahrnehmen. Ich kann wahrnehmen, wie es mir gerade geht, kann meine Unruhe spüren und all das, was in mir so los ist. Ohne es zu bewerten. Ich kann einfach da sein – so wie ich jetzt bin, ohne etwas leisten zu müssen. Ich staune immer wieder bei meiner Arbeit als Schulseelsorger, wie dankbar Schüler solche Zeiten annehmen, wenn ich beispielsweise mit ihnen eine Meditation zu diesem Thema gestalte. Zu Beginn sage ich ihnen immer ausdrücklich, dass sie in dieser Zeit nichts leisten, nichts tun müssen, sondern einfach da sein dürfen. Schon für die Kinder ist das keine Selbstverständlichkeit. Auch ihr Alltag ist oft minutiös durchgeplant, voll und ohne wirklich freie Zeit, in der sie einfach einmal nichts tun müssen, weder lernen noch zum Sport oder in die Theater-AG oder Hausaufgaben erledigen müssen.

Ihnen diese Zeit innerhalb des Unterrichts zu ermöglichen, bringt sie wieder mit sich selbst in Kontakt und lässt sie durchatmen inmitten einer durchgetakteten Zeit, in der die Pausenglocke den Rhythmus vorgibt.

Bei einer solchen Meditation gibt es ein paar Elemente, die wesentlich sind, um in die Stille, um in Kontakt mit sich zu kommen. Eines ist, dass die Schüler dabei auf dem Boden liegen. Der Grund ist, dass man dadurch bewusst wahrnehmen kann, auf der Erde zu liegen, festen Grund, sprichwörtlich festen Boden unter sich zu spüren: Die Erde trägt den Menschen. Und, wie wir oben in Bezug auf die Mose-Geschichte gesehen haben, jeder Zentimeter Boden dieser Erde ist heiliger Boden, getränkt von Gottes Gegenwart. Auf diesem Boden können die Schüler sich ganz loslassen und das Getragen-Sein wahrnehmen.

Das zweite Element, das bei einer solchen Stille-Übung eine zentrale Rolle spielt, ist der Atem. Er ist lebenswichtig und bewegt sich tagtäglich unzählig viele Male im Menschen. Im Alltag nehmen wir das selten wahr, es ist für uns selbstverständlich, zu atmen – es sei denn, uns bleibt bei irgendetwas sozusagen die Luft weg. Im Alten Testament wird für Atem und Geist das gleiche Wort verwendet: ruach. Dann ist der Atem Gottes Leben in mir, in ihm atmet Gottes schöpferische und Leben spendende Kraft in mir. In der Wahrnehmung des festen Bodens und des Atemflusses spüre ich: Ich darf einfach da sein. Das Leben hört nicht auf, wenn ich nicht unterwegs bin, nichts leiste. Ganz im Gegenteil: Ich kann meine Aufmerksamkeit auf das göttliche Leben in mir lenken und spüren, dass Gottes heiliger Boden mich trägt. Dieses Spüren und Wahrnehmen gibt emotionale Sicherheit und schafft das Gefühl von Zuhausesein und Heimat, von Geborgenheit und Aufgehobensein – im eigenen Leib und auf dieser Erde.

Diese Erfahrung kann auch noch einmal deutlich und spürbar werden in der Natur. Meine ersten Exerzitien waren kontemplative Exerzitien. Sie begannen damit, dass die Teilnehmer einen halben Tag in der Natur verbrachten. Wir waren aufgefordert, einfach still und schweigend bewusst wahrzunehmen, was uns begegnet: ein Fluss, der langsam dahinströmt, die Blätter des Baumes, die sich im Wind bewegen, die Blumen, die aus der Erde wachsen, die Vögel, die ihre Schwingen ausbreiten und sich vom Wind tragen lassen. Dieses Sein und Gehen in der Natur half, ruhig zu werden, einfach das zu schauen, was ist, vielleicht auch, das ständige Beurteilen dessen, was wir sehen und was uns begegnet, einmal abzustellen.

Aus solchen bewussten Wahrnehmungsübungen und Momenten heraus kann dann eine stille Achtsamkeit für den eigenen Alltag entstehen, kann man den eigenen Blick schulen, tiefer zu gehen als das objektive Sehen und Wahrnehmen. Das hat auch etwas damit zu tun, die Aufmerksamkeit ausschließlich auf den Moment zu richten, nur im Jetzt zu sein, ohne an das Nachher und das Vorher zu denken – ein Aspekt, der gerade uns modernen Menschen schwerfällt. Das liegt zum einen daran, dass das öffentliche Leben oft darauf ausgelegt ist, uns in vielfacher Weise abzulenken vom Alltag – oft auch mit den besten Absichten, nämlich die Menschen zu entlasten von ihren täglichen und alltäglichen Sorgen. Zum anderen liegt es tatsächlich auch an der mentalen Belastung, der Menschen heute ausgesetzt sind: Sie müssen sich tagtäglich über vieles Gedanken machen, Entscheidungen treffen, ihre Zeit organisieren, weil es für sie oftmals so etwas wie Alltag gar nicht gibt: Jeder Tag ist anders, jeder bringt seine eigenen Sorgen und Herausforderungen mit sich.

Das, was ich jetzt gerade tue, ganz zu tun, und zwar so, als ob das Heil der Welt davon abhängig wäre – das sind kostbare Augenblicke, die sich uns nur erschließen, wenn wir es schaffen, im Augenblick zu sein, ganz da zu sein. Dann kann sich uns die Banalität des Alltags erschließen auf die stille Gegenwart Gottes hin. Dann kann ich im Wahrnehmen der Blume am Straßenrand Gottes Schönheit spüren; dann fällt mir ein Lächeln im Gesicht meines Gesprächspartners auf und ich fühle mich beschenkt; dann lässt mich der Wind im Gesicht selbst bei etwas so Banalem wie einem Einkauf plötzlich meine Lebendigkeit spüren. All das singt dann vom Leben und der lebendigen Gegenwart Gottes.

# Übungen

## *Nimm deinen Atem wahr – lass dich darin nieder*

Setze oder stelle dich an einen ruhigen Ort. Trage Sorge dafür, dass du dich hier wohlfühlst. Dann nimm bewusst deine Füße wahr, wie sie mit dem Boden in Berührung sind. Spüre den festen Boden unter dir, der dich trägt. Wenn du stehst, stell deine Beine hüftbreit auseinander und richte dich gerade auf, ohne dass deine Knie durchgedrückt sind. Sitzt du, setze dich aufrecht hin, ohne ins Hohlkreuz zu fallen. Schließe deine Augen. Jetzt spüre deinen Atem mit liebender Aufmerksamkeit. Beeinflusse ihn nicht. Nimm ihn einfach wahr: Wie er kommt und geht; wie sich deine Bauchdecke hebt und senkt. Lausche, wie dieser Atem fließt in dir, ohne dass du dafür etwas tust. Du bist einfach da, bist einfach lebendig.

Wenn du so deinem Atem einige Zeit gefolgt bist, kannst du dir bewusst machen, dass du in diesem Atem mit

Gott verbunden bist. Im Atem durchströmt dich Gottes Lebensgeist(in). Gott wohnt in dir, atmet in dir. Dein Leib ist sein heiliger Tempel. In ihm darfst du zu Hause sein. Du kannst dir sagen: Ich bin Gottes geliebte Tochter, Gottes geliebter Sohn. Ich bin wertvoll, einfach, weil ich bin.

Bleibe in dieser Wahrnehmung, solange es dir guttut. Zum Beenden der Übung öffne langsam wieder deine Augen, nimm deine Umgebung wahr. Bleibe noch einige Augenblicke stehen oder sitzen, bevor du dann wieder aktiv wirst.

## *Geh in die Natur*

Nimm dir Zeit für einen längeren Spaziergang in der Natur. Spüre dabei bewusst den Boden unter deinen Füßen und wie dich die Erde trägt. Lenke dann deine Wahrnehmung auf die dich umgebende Natur und nimm alles bewusst wahr: Das Blatt eines Baumes, das sich im Wind wiegt, eine Blume, die blüht, den Duft einer Blüte, die Vögel, die singen, der Bach, der rauscht, den Wind in deinem Gesicht. Spüre das Leben in all diesen Wahrnehmungen.

Vielleicht entdeckst du auch, welche unmöglichen Wege sich die Äste eines Baumes gebahnt haben – dem Himmel entgegen. Oder wie an Orten, an denen du es nicht erwartest, eine Blume blüht. Bleibe mit deiner ganzen Aufmerksamkeit jeweils bei dem, was du spürst, siehst, riechst, empfindest. Es geht um nicht weniger, als ganz in den jeweiligen Augenblick einzutauchen und in das, wie Leben dir entgegenkommt. Du kannst und darfst die Verbundenheit mit allem Lebendigen spüren. Und darin auch mit dir selbst.

## *Geh barfuß*

Von Mose wissen wir, dass Gott ihm am brennenden Dornbusch befohlen hat, seine Schuhe auszuziehen und dass das Ausdruck seiner Ehrfurcht vor der Gegenwart Gottes war, aber auch ein Ausdruck dafür, diese Gegenwart Gottes, diesen heiligen Boden unmittelbar zu spüren.

Jeder Ort, an dem du stehst, ist heiliger Boden, getränkt von Gottes Gegenwart. Es gibt keinen Ort, an dem Gott nicht ist. Um das zu spüren, kannst du immer mal wieder die Schuhe und Strümpfe ausziehen und barfuß durch deine Wohnung laufen oder durch die Natur. Spüre, wie der Boden dich trägt, dass Gott da ist und dich trägt, dir deinen Weg bahnt, dich führt und begleitet, dich umgibt und du von seiner Gegenwart bedingungslos umgeben bist. Während du in dieser Wahrnehmung bist, kannst du folgenden Satz wiederholen: »Der Ort, an dem ich jetzt gerade gehe, ist heiliger Boden.« Lass ihn in dir klingen, denke nicht darüber nach, nimm an, was geschieht, und spüre, wie es dich erfüllt.

## Versöhnung mit der Vergangenheit

Als der heilige Benedikt nach seiner ersten Zeit als Abt in seine Höhle zurückkehrte, hatte er, wie schon erwähnt, einen weiten inneren Weg hinter sich. Das Wichtigste aber war: Er hatte seinen ganz eigenen Weg gefunden. Sozusagen die Rückseite dieses Findens war, dass er sich von den Ansprüchen und Erwartungen, die er selbst und andere an ihn stellten, freigemacht hatte, beginnend bei dem Wunsch seiner Eltern, er möge Jura studieren und eine gesicherte Beamtenlaufbahn einschlagen, über den Abschied von seiner Amme, der mütterlichen Fürsorgerin, die ihm so etwas wie einen Familienalltag beschert hatte, bis hin zur Absage an seine eigene Strenge, die ihm im Mordanschlag durch seine Mitbrüder beinahe in den Tod gestürzt hatte. Jetzt aber war er bei sich selbst angekommen. Wesentlich auf diesem Weg war wohl, dass er seiner Sehnsucht gefolgt war – auch gegen Widerstände. Er hatte seiner Sehnsucht nach Gott Raum gegeben, ist ihr gefolgt und nachgegangen und hat sich nach und nach in ihm beheimatet. Nun wusste er, wo er wirklich zu Hause und geliebt ist. Deshalb brauchte er sich nicht mehr nach den Erwartungen anderer zu richten, um deren Anerkennung und Liebe zu bekommen; er wusste sich in seinem tiefsten Grund geliebt und angenommen und konnte der sein, der er wirklich war.

Dieser tiefste Grund – der liebende Gott – hat in jeden Menschen eine einmalige Persönlichkeit hinein gelegt. Der tiefste Wunsch dieses Gottes ist es, dass jeder Mensch diese einmalige Persönlichkeit und all die damit verbundenen Möglichkeiten und Potenziale entfaltet und lebt. Dass er ein lebendiger Mensch wird und ist – einer, der mit sich selbst im Einklang ist.

Benedikt hat dies erreicht und dieser Weg, den Benedikt so konsequent zu Ende gegangen ist, ist mit das Schwierigste, was Menschen in ihrem Leben zu bewältigen haben. Denn wenn man aufbricht, um ihn zu gehen, merkt man schnell, dass einem aus vielen Richtungen Gegenwind ins Gesicht bläst: Jeder von uns ist genau wie Benedikt mit Erwartungen – eigenen und fremden – konfrontiert, von denen er sich freimachen beziehungsweise von denen er herausfinden muss, ob sie seinen Sehnsüchten und Wünschen überhaupt entsprechen. Zudem ist jeder von uns geprägt von Mustern, die er in der Kindheit übernommen hat und die er ebenfalls darauf überprüfen muss, ob sie ihm dazu helfen, er selbst zu werden, oder ihn genau daran hindern.

Der Schweizer Psychoanalytiker C. G. Jung spricht hier vom Prozess der »Selbstwerdung« beziehungsweise »Individuation«. Das bedeutet, um diesen Weg zu gehen, muss man zunächst einmal in den Blick nehmen, wie jemand der Mensch geworden ist, der er jetzt gerade ist, und was ihn auf seinem bisherigen Weg geprägt hat. Dann ist es wichtig zu unterscheiden, welche dieser Prägungen negativ und lebenshemmend waren. Dazu zählen oft auch die Erwartungen, die an ihn gestellt worden sind, und jene, denen er nur der Eltern wegen gerecht geworden ist. Dann gilt es aber auch herauszufinden, was ihm in seiner persönlichen Entfaltung geholfen hat.

Zu den möglichen negativen Prägungen gehören Sätze der Eltern, die ein Kind immer wieder hört und die sich ihm einprägen, so etwas wie: »Das ist zu schwer für dich« oder »Mathematik ist eben nicht deine Stärke« oder »Das brauchst du gar nicht zu versuchen«. Es zählen aber oft auch die Erwartungen dazu, die Eltern an ihre Kinder haben, gerade in Bezug auf die Berufswahl. Manchmal sind es aber auch ungelebte Träume und Lebenswünsche, die von den Eltern auf das Kind übertragen werden. Die Kinder sollen dann sozusagen Nichtgelebtes für die Eltern nachholen.

Oft ist einem Menschen gar nicht bewusst, dass er sein Leben nach solchen Botschaften beziehungsweise Prägungen aus der Kindheit heraus gestaltet. Das liegt häufig daran, dass sie im Unterbewusstsein abgespeichert und von dort aus in der Seele eines Menschen wirksam sind. Manche Menschen bleiben auch ein Leben lang in den Verletzungen stecken, die sie emotional erfahren haben, zum Beispiel wenn sie in ihrer Kindheit oft kritisiert wurden und nie ein Lob bekommen haben. Dann konnten sie nur wenig oder gar kein Selbstwertgefühl aufbauen, was zu einer lebenslangen Wunde werden kann. Solche Menschen vertragen oft keine Kritik, weil sie diese als ein »Angriff« auf ihr schon geringes Selbstwertgefühl auffassen. Sie müssen alle Kritik abwehren und auf andere abschieben.

Zu den Prägungen, die viele Menschen mit sich herumtragen, gehört auch die durch das Bild eines strafenden Gottes. Er wurde dann sozusagen als pädagogisches Mittel eingesetzt und musste als höhere Bestrafungsinstanz herhalten, wenn Kinder den Eltern nicht gehorchten. Viele Menschen brauchen sehr lange, um sich von einem solchen Bild von Gott zu lösen und zu einem befreienden und freien Glauben zu finden, zu einem Glauben an einen liebenden und barmherzigen Gott, der den Einzelnen immer wieder neu annimmt und liebt, ganz ohne Gehorsam und Leistung.

Auf dem Weg der Selbstwerdung darf aber nicht nur nicht mehr Tragfähiges verabschiedet werden. Ebenso wichtig ist es, all die Potenziale zu entdecken, die bisher ungenutzt in einem Menschen geschlummert haben, weil sie nicht gelebt werden durften, weil es »verboten« war und die deshalb bisher noch nicht ins Leben integriert werden konnten. Jung spricht vom »Schatten«. Das sind Seelenanteile, die vom Menschen abgespalten worden sind und jetzt, genau wie die Prägungen, aus dem Unbewussten heraus agieren. Ein Beispiel: Ein Mönch hat sich für eine ehelose Lebensform entschieden. Für ihn ist es jedoch genauso wichtig, seine Sexualität zu gestalten und zu leben beziehungsweise zu integrieren. Die schöpferisch-sexuelle

Kraft braucht einen schöpferischen Ausdruck – egal in welcher Lebensform. Sie ist Lebensenergie; Energie, die einen Menschen Beziehungen knüpfen und gestalten lässt – nicht nur im partnerschaftlichen Sinn; sie ist Kreativität, Sinn für Schönheit und Ästhetik, Inspiration. Wenn sie nicht bewusst gestaltet wird, agiert sie aus dem Unbewussten heraus. Das führt dazu, dass der Mönch entweder gefühllos, lieblos, unsensibel wird oder er sucht sich Ersatzbefriedigungen wie zum Beispiel übermäßiges Essen. Karlfried Graf Dürckheim, der Begründer der Initiatischen Therapie, berichtete einmal, dass eine Ordensfrau ihm erzählt habe, dass sie keine Probleme mit ihrer Sexualität habe, sie habe sie »auf Eis gelegt«. Daraufhin sagte Dürckheim: »Da bleibt sie auch frisch.« Eine schlagfertige Antwort, die es aber auf den Punkt bringt.

Die Aufgabe und Chance des erwachsenen Menschen ist es, sich all das, was ihn unbewusst geprägt hat, was in ihm ein »Schattendasein« führt, bewusst zu machen und es in sein Leben zu integrieren beziehungsweise nicht mehr Tragfähiges zu verabschieden. Das Entscheidende dabei ist der aktive Umgang mit sich selbst und all dem, was in einem wirkt und lebendig ist.

Als ich Novize war, hat mein damaliger Novizenmeister mir und den Übrigen immer die Frage gestellt: Wer ist Herr im Haus? Das heißt: Lasse ich zu, dass ich von all meinem Unbewussten und Verdrängtem gesteuert werde oder halte ich das Steuer in der Hand und gebe meinem Leben und meiner ureigenen Person Raum und Gestalt? Wichtig ist dabei auch, dass all meine Energien und Potenziale sich nicht »verzetteln«, also nicht in viele Richtungen schießen und deshalb verpuffen, sondern ich sie zielgerichtet und gezielt einsetze. Das bedeutet, dass ich nicht alles bisher Ungelebte ausleben muss. Aber die Energie, die in all diesen verdrängten Anteilen steckt, die sollte Raum und Gestalt bekommen und ein »Ventil«, um sich zu zeigen und gelebt zu werden.

Wenn einem Menschen auf dem Weg der Selbstwerdung schmerzhaft Versäumtes, nicht Gelebtes deutlich wird und er spürt, dass er an der einen oder anderen Stelle seines Lebens nicht seine eigene Entscheidung getroffen hat, sondern es eher den Eltern recht machen, eine Familientradition fortsetzen wollte, einen Partner geheiratet hat, der standesgemäß ist und der von den Eltern akzeptiert wird, dann nützt es nichts, darüber zu klagen, dass man sich doch hätte anders entscheiden sollen. An den Entscheidungen und der Vergangenheit ist nichts mehr zu ändern. Manche Menschen stecken darin fest und verwenden ihre gesamte Energie darauf, über die Vergangenheit nachzudenken und darin zu leben. Das genau nimmt einem Menschen dann aber die Energie, in der Gegenwart zu entscheiden, zu schauen, welche Veränderungen jetzt möglich sind.

Dieser Aufbruch aber, diese Veränderungen sind nur im Jetzt möglich. Das Jammern über verlorene Jahre in der

Vergangenheit hilft nicht weiter. Die Gegenwart und die Zukunft wollen gelebt und gestaltet werden. Bleibt der Mensch in der Vergangenheit und in seinem Bedauern stecken, wird er auch die Gegenwart nicht aktiv gestalten und sich dann in ein paar Jahren über diese nicht genutzte Zeit aufregen. Um sich jetzt ganz der Gegenwart und Möglichkeiten zu widmen, braucht es ein Loslassen der Vergangenheit und all dessen, was gewesen ist.

Zu diesem Loslassen gehört vor allem die Vergebung. In der Vergebung steckt eine große Kraft, auch wenn es manchmal sehr schwerfällt, wirklich zu vergeben. Wenn es mir aber gelingt, dann lasse ich meine Verletzungen wirklich los. Meine Wunden können heilen und werden nicht ständig wieder aufgerissen. Zudem hat Vergebung einen wichtigen »Nebeneffekt«: Die Energie, die ich bisher darauf verwendet habe, Zorn und Wut auf dem anderen, der an mir schuldig geworden ist, abzuladen, kann ich nun auf mich selbst und meinen Weg lenken.

Doch es geht nicht nur darum, anderen zu verzeihen, sondern vor allem wird es notwendig sein, mir selbst zu vergeben. Vielleicht ist dies der schwerste Akt, den ein Mensch vollziehen kann: sich selbst und sein Leben so anzunehmen, wie es jetzt gerade ist, wie es geworden ist, welche Entscheidungen er auch immer getroffen hat. Dazu gehört auch die Übernahme der Verantwortung für das eigene bisherige Leben, also etwa die Schuld für das Leben, das ich heute führe, anderen zuzuweisen: »Meine Eltern wollten immer, dass ich ... Und das habe ich jetzt davon!« Stattdessen kann ich mir sagen: Ich habe die Entscheidungen getroffen, die zu treffen waren; ich habe mich an meinen bisherigen Lebensweggabelungen mit bestem Wissen und Gewissen so entschieden, wie ich mich entschieden habe. Und daher stehe ich jetzt dort, wo ich stehe. Es gilt , »Ja« zu sagen zu dem je eigenen Lebensweg, so wie er gewesen ist bis zum heutigen Tag. Es gilt, sich mit seinem eigenen Leben, wie es bisher gewesen ist, auszusöhnen. Dies kann durchaus schmerzhaft sein, weil man deutlich erkennt, wo man an sich vorbeigelebt hat, wo man sich sozusagen selbst vergessen hat, nicht auf seine eigene Stimme gehört hat.

Dabei darf und muss der Blick aber auch auf all das gerichtet werden, wofür ich in meinem Leben dankbar bin, was mir alles geschenkt worden ist, was ich lernen und erfahren dufte. Dazu zählt sicher auch, dankbar dafür zu sein, dass ich jetzt an dem Punkt angekommen ist, an dem ich mein Leben bewusst anschauen und notwendige Veränderungen vornehmen kann. Dann zeigt sich vielleicht, dass die bisherigen Wege keine »verkehrten« Wege waren, sondern nur Umwege, um genau dort anzukommen, wo man jetzt steht. Ein Mitbruder sagt in diesem Zusammenhang gerne: »Umwege fördern die Ortskenntnis.« Ich kann mich dann fragen: Welches Lebenswissen, vielleicht sogar welche Weisheit ist mir durch meine Umwege zugewachsen?

Das ist es auch, was Jesus meint, wenn er sagt: »Liebe deinen Nächsten wie dich selbst.« Die Selbstliebe ist die

Voraussetzung für die Nächstenliebe. Nur wer sich selbst liebt und mit sich selbst gut umgeht, kann dies auch mit anderen tun. Selbstliebe heißt dann eben auch: Ich nehme mich als Person an, so wie ich bin. Und ich nehme mein Leben an, so wie es geworden und jetzt ist. Ich bejahe mich und mein Leben mit allen Umwegen und mit allem, was ich erfahren und lernen durfte. Und dann darf der Weg weitergehen. Ich darf den Menschen entdecken, der ich wirklich bin, das Bild, das Gott sich von mir gemacht hat: das Original, das nicht als Kopie sterben soll.

# Übungen

*Mir selbst und anderen verzeihen*

Nimm dir Zeit und setze dich mit Block und Stift an einen guten Ort, an dem du einige Zeit ungestört bist. Blicke auf dein Leben zurück und schreibe die wichtigsten Stationen, Wendepunkte und Entscheidungen deines Lebens auf, beruflich und privat.

Dann gehe folgenden Fragen in der genannten Reihenfolge nach:

- Wofür bin ich dankbar?
- Was habe ich geschenkt bekommen?
- Welche Erfahrungen, Verletzungen schmerzen mich bis heute?
- Wer hat mich verletzt?
- Was muss ich wem vergeben?
- Welche Entscheidung würde ich heute anders treffen?

- Was war trotzdem gut an dem Umweg, den ich dann gegangen bin?
- Was muss ich mir selbst verzeihen?

Wenn du diesen Fragen nachgehst, werden wahrscheinlich auch einige Gefühle in dir auftauchen: Ärger, Wut, Trauer ... Lass diese Gefühle zu, gib ihnen Raum, lass sie da sein und bewerte sie nicht. Natürlich können auch Gefühle wie Freude oder Dankbarkeit für Gelungenes aufsteigen und in dir Raum haben.

Nach der Schreibmeditation kannst du mit diesen Gefühlen aktiv umgehen:

Du kannst Sport treiben, dich auspowern und dahinein die Kraft deiner Wut oder deines Ärgers legen.

Du kannst ein Bild malen und dich darin ausdrücken.

Bei einem Spaziergang kannst du über deinen Körper, deine Beine und deine Füße deine Wut und deinen Ärger, vielleicht aber auch deine Freude an die Erde abgeben.

Deine Freude oder Dankbarkeit kannst du genießen und dich an ihr freuen. In einem Zimmer deiner Wohnung kannst du ihr mit freien Bewegungen Ausdruck verleihen (tanzen, hüpfen, springen, singen).

Nimm dir nach der Schreibmeditation beziehungsweise nach dem aktiven Umgang mit deinen Gefühlen nochmals Zeit.

Spüre noch einmal deinen Gefühlen nach. Hat sich etwas verändert? Oder fühlst du noch immer Wut und Verletztheit? Gibt es Situationen oder Menschen, die dir nicht aus dem Kopf gehen, weil sie dich verletzt oder gekränkt haben oder weil du dich blamiert gefühlt hast?

Wenn sich deine Gefühle auf einen konkreten Menschen beziehen, kannst du diesem Menschen einen Brief schreiben. Hier kannst und darfst du alles ausdrücken: die Verletzungen, deine Wut, deinen Ärger, wie sehr das Erlebte dich bis heute beschäftigt, aber auch deinen Dank, deine Freude.

Sollte dieser Mensch noch leben, kannst du überlegen, ob du ihm diesen Brief schicken möchtest oder ob du vielleicht sogar ein Gespräch mit ihm führen möchtest. Wichtig ist dann, dass du ihn so formulierst, dass deutlich wird, dass du dich mit deiner Vergangenheit aussöhnen möchtest, damit du frei bist, deinen Weg zu gehen.

Du kannst aber auch von vornherein diesen Brief nur für dich schreiben. Manchmal ist es gut, das zu tun, um sich die eigene Wut und die eigenen Wunden einmal ohne Filter anzuschauen, also wirklich das zu schreiben, was man fühlt, ohne darauf Rücksicht nehmen zu müssen, wie der Adressat des Briefes wohl auf so manche Formulierung reagieren würde. Auch das hilft ungemein dabei, Gefühle im wahrsten Sinn des Wortes loszuwerden – und sie dann auch beiseitelegen zu können. Verstärken kannst du es dadurch, dass du den Brief, wenn du ihn fertig hast, an einem guten Ort in die Erde legst, ihn in einer Feuerschale oder im Garten verbrennst oder ihn, zum Schiffchen gefaltet, einem Fluss oder dem Meer übergibst und dabei den Menschen und all deine Gefühle Gott anvertraust.

Sollte dieser Mensch bereits verstorben sein, kannst du diesen Brief an oder in seinem Grab in die Erde legen und dabei diesen Menschen der Liebe und Barmherzigkeit Gottes anvertrauen.

Wenn du dich so mit deiner Vergangenheit auseinandergesetzt hast, mache einen längeren Spaziergang in der Natur. Vielleicht spürst du, dass sich etwas in dir verändert hat. Vielleicht merkst du wirklich, dass du jetzt fertig bist mit diesem Thema und plötzlich Energie hast, die du schon lange nicht mehr gespürt hast. Mache dir bewusst, dass du jetzt in dein Leben gehst, dass du ab jetzt alle Möglichkeiten hast und der Rest deines Lebens jetzt beginnt. Und bitte dafür um Gottes Segen.

## Die eigene Entscheidung ist gefragt

Vor einigen Jahren veröffentlichte der amerikanische Franziskanerpater Richard Rohr ein Buch unter dem deutschen Titel »Reifes Leben«. In einem Abschnitt dieses Buches erwähnt er ein Ritual, das in den Nachkriegsjahren in Japan üblich war: Kehrten Soldaten aus dem Krieg zurück, wurde ihnen in einer öffentlichen Feier gedankt für all das, was sie geleistet hatten. Dann aber wurde darauf hingewiesen, dass nun statt des Soldaten der Mann und Bürger gefragt ist. Es wurde dem bisher treuen Staatsdiener die Erlaubnis gegeben, diese Rolle zu verabschieden und stattdessen in seine Verantwortung als Bürger einzutreten.

Richard Rohr überträgt das in seinem Buch auf die Lebensreise des Menschen. Irgendwann im Lauf eines Lebens kommt der Punkt, an dem es den »loyalen Soldaten« zu entlassen gilt. Damit ist der Teil eines Menschen beziehungsweise der Lebensabschnitt gemeint, in dem man sich als Mensch der Gesellschaft angepasst hat, in dem man Normen und Werte übernommen hat, in dem man zu seinen Eltern loyal war und sie nicht verletzt hat, in dem man loyal zu seiner Kirche stand.

Richard Rohr ist nicht ohne Grund der Überzeugung, dass der Zeitpunkt dieser Verabschiedung vom »loyalen Soldaten« in der zweiten Lebenshälfte liegt. Viele junge Menschen kennen das Problem, dass sie, solange sie nicht wirklich etabliert sind in einem Job, mit einer solchen Angepassheit zu kämpfen haben. Oft genug liegt das aber nicht an mangelndem Willen, den eigenen Weg zu gehen, sondern an Ängsten, die sich dahinter verbergen. Das ist zum einen sicher die Angst, nicht dazuzugehören, keine Anerkennung zu bekommen, auf der anderen Seite aber auch im Wesentlichen Existenzsangst, also beispielsweise die Furcht vor dem Jobverlust, wenn man es dem Chef nicht recht macht. Oft gelingt es einem erst in der zweiten Lebenshälfte, finanziell und auch persönlich den Stand zu haben, dass man sich von diesem »loyalen Soldaten«, der man vielleicht jahrelang war, verabschieden kann.

Das erlebe ich auch ganz konkret in meinem Alltag als Seelsorger: Ich hatte kürzlich ein Gespräch mit einem jungen Mann, der in nächster Zeit seinen Dienst als Pastoralreferent beginnt. Von seinem Bistum wurde er zwei Gemeinden zugeteilt. Gemeinsam mit dem Personalchef und den beiden Pfarrern der Gemeinden gab es ein Kennenlerngespräch. Am Ende ging er mit dem Gefühl nach Hause, er sei in diesem Gespräch überhaupt nicht vorgekommen. Er meinte, eigentlich sei es gleich gewesen, ob nun er oder ein anderer dort gesessen habe. Es ging allein um die Frage, wer von den Pfarrern den größten Teil seiner potenziellen Arbeitskraft bekommt. Zusätzlich wurde ein freier Tag pro Woche mit dem Hinweis vereinbart, dass auch kurzfristige Änderungen möglich seien. Auf seine Frage hin, wie er denn dann persönliche Beziehungen und Freundschaften pflegen solle, antwortete einer der Pfarrer, ihm ginge es nicht anders – und meinte damit indirekt, dass durch den Beruf persönliche Beziehungen gelitten hätten und kaputt gegangen seien.

Ich habe im Gespräch den jungen Mann, der mit viel Herzblut in seinen Beruf geht, ermutigt, für sich einzustehen und seine Grenzen beziehungsweise seine Bedürfnisse klar zu benennen. Für ihn gilt es hier, den »Soldaten«, der loyal zu seiner Kirche und seinem Amt sein will, zu verabschieden, indem er sich nicht einreden lässt, dass diese Loyalität gottgewollt sei, selbst wenn andere über ihn als Berufsanfänger Macht haben und ihm dies vielleicht zu vermitteln suchen.

Das gleiche gilt für Menschen in anderen Berufen. Wenn – wie beschrieben – Arbeitnehmer ständig erreichbar sein müssen, Überstunden machen, mehr von ihnen gefordert wird, als sie leisten können, dann wird der Mensch zur Leistungsmaschine. Reagiert er auf diese Überforderungen mit seelischen oder körperlichen Symptomen, wird er als nicht mehr leistungsfähig oder, schlimmer noch, als »Weichei« abgestempelt, als jemand, der den Herausforderungen, die (selbstverständlich) an ihn gestellt werden, nicht gewachsen ist, also zu den »Versagern« zählt.

Daraus kann ein innerer Konflikt entstehen: Auf der einen Seite ist man in der Pflicht, das eigene Leben und das der Familie materiell abzusichern, auf der anderen Seite ist man aber auch in der Pflicht, sich selbst wertzuschätzen und die Grenzen der eigenen Leistungsfähigkeit zu benennen und zu achten. Ein solcher Konflikt ist eine Herausforderung und nicht einfach zu lösen. Denn wer für sich einsteht und kämpft, steht oft in Gefahr, seinen Job zu verlieren, weil er zu unbequem ist.

Doch auch im privaten Bereich gibt es diese Loyalitätskonflikte: Bin ich bereit, den Erwartungen der anderen, beispielsweise des Partners oder der Familie, aber auch meinen eigenen Ansprüchen an mich zu entsprechen beziehungsweise wo ist die Grenze dieser Ansprüche und meiner Leistungsfähigkeit? Wann verleugne ich mich und meine Bedürfnisse, um für andere da sein zu können, und wo ist die Grenze zur Selbstaufgabe?

Diese Grenzziehung ist etwas sehr Individuelles. Hier muss jeder für sich entscheiden und herausfinden, was richtig ist – und was für mich das richtige Maß ist, muss es nicht für meinen Nächsten sein. Dennoch sollte diese Entscheidung keine Ausrede dafür sein, nur das zu tun, was ich will, beziehungsweise nie etwas zu Ende zu führen und immer wieder Neues zu beginnen.

Deshalb gilt es, realistisch auf meine Verpflichtungen und Verantwortungen zu schauen, die ich habe oder übernommen habe. All die vielen Rollen, die jeder tagtäglich einnimmt und ausfüllt – als Ehepartner, Vater oder Mutter, Single, Arbeitnehmer, Chef, Freundin, Bruder oder Schwester – sind ja wichtig und unerlässlich. Hier zeige ich mich nach außen, trete ich aus mir heraus und in Beziehung zur Welt. Wichtig ist aber, dass diese Rolle Kontakt hat zu meinem tiefen Selbst, dass sie nicht etwas ist, was davon völlig losgelöst ist und aufgesetzt ist, etwas, in dem ich an mir vorbei lebe.

Als Papst Franziskus gewählt wurde, änderte er von heute auf morgen vieles, was die Rolle des Papstes anging: Er ging wie ein einfacher Pfarrer zu den Menschen, suchte sich das einfachste Auto des Fuhrparks heraus, aß mit den Angestellten des Vatikans in der Kantine zu Mittag.

Da sahen einige darin den Stellvertreter Christi des Glanzes und der Autorität dieses göttlichen Amtes beraubt. Doch Papst Franziskus füllt dieses Amt mit seiner ganzen Lebendigkeit, mit seinem Verständnis eines lebendigen Hirten aus und nimmt gleichzeitig die Pflichten dieses Amtes, dieser Rolle die Kirche zu leiten, entschieden und kraftvoll wahr.

Um diese kraftvolle Lebendigkeit geht es. Und damit auch um die kraftvolle Abgrenzung gegenüber all dem, wo man als Mensch in seiner Rolle zu loyal ist, zu viel von sich selbst erwartet oder sich von anderen zu viele Erwartungen überstülpen lässt. Es geht um die Frage, wo ich mir gerecht werden muss, wo meine Grenzen sind.

Oft ist es der Körper, der einem hier die Grenzziehung genau aufzeigt – oder aber unser eigenes Selbst oder die

Stimme unserer Seele zu Gehör bringt. Ein Mitbruder sagt immer: »Wenn man die Stimme der Seele überhört, dann geht sie zum Körper und meint: ›Sag du es ihm, mich versteht er nicht.‹« Die Stimme der Seele ist manchmal leicht zu überhören, zu verdrängen oder auch zu betäuben. Aber dem Körper und seinen Signalen kann man irgendwann nicht mehr ausweichen. Deshalb ist der Körper beziehungsweise Leib ein guter Indikator. Wenn er Signale des »Zuviel« aussendet oder dass etwas nicht stimmt mit meinem Leben, dann kann es nicht nur darum gehen, die Symptome zu beseitigen und einfach die Leistungsfähigkeit wiederherzustellen. Dann muss man tiefer schauen.

Im Recollectio-Haus, das zu unserer Abtei in Münsterschwarzach gehört, sind kirchliche Mitarbeiterinnen und Mitarbeiter zu Gast, die sich eine Auszeit genommen haben, wenn sie bei sich und in sich spüren, dass es Zeit für eine Veränderung ist – wie auch immer diese am Ende aussehen wird. Das kann am Ende der Beginn eines neues Lebensweges sein oder auch »nur« eine Veränderung in der Gestaltung des bisherigen Lebens. Ich habe sehr oft beobachtet, dass diese Gäste in der Zeit, die sie bei uns verbringen – in der Regel acht bis zwölf Wochen –, immer selbstbewusster werden und dann auch gegenüber ihren Vorgesetzten ganz anders auftreten, entschiedener für sich und ihre Bedürfnisse, Talente und Begabungen eintreten. Sie übernehmen entschieden die Verantwortung für sich und üben eine aktive Selbstsorge ein. Sie haben dann meist ihre erste Pflicht erkannt: sich selbst und ihrem innersten Selbst gegenüber loyal zu sein.

Das ist wohl die schwerste Aufgabe: die Stimme Gottes im Menschen beziehungsweise die Stimme des Selbst unterscheiden zu lernen von den Stimmen des »loyalen Soldaten«. Menschen, die sehr angepasst sind, übernehmen oft keine Verantwortung für ihr Leben. Sie geben sich damit zufrieden, was die anderen sagen: der Papst, die Nachbarin, die meint, dass das alles nun mal so sei in unserer Gesellschaft, das man nicht alles hinterfragen darf, dass es eben immer schon so gewesen sei. Manchmal werden in diesem Zusammenhang in einer Mischung aus Spaß und Ernst die drei Argumente genannt, die gegen Veränderungen beziehungsweise Hinterfragung sprechen:

Das war schon immer so!
Das hat es noch nie gegeben!
Wo kämen wir denn hin, wenn das jeder täte!

Der Schweizer Schriftsteller Kurt Marti hat ein Gedicht verfasst, das dieses Denken wunderbar auf den Punkt bringt. Es trägt die Überschrift »Wo kämen wir hin«: »Wo kämen wir hin, wenn alle sagten, wo kämen wir hin, und niemand ginge, um zu schauen, wohin man käme, wenn man ginge.«

Wenn Menschen aussteigen und losgehen, weil ihre innerste Stimme und ihr innerstes Selbst sie dazu ruft und weil sie nicht mehr länger gegen sich selbst leben wollen, und dann etwas Neues beginnen, staune ich immer wieder, wie sicher sie plötzlich ihren Weg finden und mit welcher Energie sie es tun. Sich vom »loyalen Soldaten« zu verabschieden, setzt oft ungewöhnliche Kräfte frei, die manchmal wohl tatsächlich ein Leben lang ungenutzt in den Menschen geschlummert haben.

# Übungen

*Rollen notieren und verabschieden*

Um dir zu verdeutlichen, wofür du Verantwortung übernehmen möchtest und wofür nicht, kannst du einmal all die verschiedenen Rollen, die du ausfüllst in deinem Leben, aufschreiben. Vielleicht auch ein paar Stichworte, die diese Rolle kennzeichnen/charakterisieren.

Nimm für jede Rolle einen neuen Zettel!

Danach überlege dir oder versuche vielmehr zu erspüren, welche dieser Rollen zu dir gehören, welche du gerne ausfüllst und welche du spielst oder auszufüllen versuchst, weil es so von dir erwartet wird, weil du dadurch Anerkennung findest, was aber eigentlich gar nicht du bist. Stell dir in diesem Zusammenhang auch die Frage, ob und wenn ja wo und wie du die Rolle des »loyalen Soldaten« spielst. Dann überlege dir, welche der Rollen du weiterspielen möchtest und welche Rolle du gerne ändern würdest. Vielleicht muss etwas hinzukommen, ergänzt werden um eine neue Seite, die du gerade an dir entdeckst. Dabei kann es helfen, dir folgende Fragen zu stellen: Was gibt es in dir an Eigenschaften/Talenten/Begabungen, die bisher eher ein Schattendasein geführt haben und jetzt integriert werden möchten? Was hast du beispielsweise als Kind gern getan? Was würdest du gerne einmal ausprobieren? Gibt es eine Seite an dir, die dir fehlt, die du aber gerne leben möchtest?

Jetzt sortiere die Rollen nach folgenden Aspekten:

- Rollen, die verabschiedet werden sollen,
- Rollen, die ergänzt/erweitert werden möchten,
- Rollen, die zu dir gehören.

Du kannst jetzt die Rollen, die verabschiedet werden wollen, um einen Stein binden und diesen an einem guten Ort ablegen, zum Beispiel an einem Kreuz, einem Bildstock, einem Baum oder in einer Ecke des Gartens. Du kannst ihn auch in einen See oder einen Fluss werfen oder in einem Waldstück vergraben. Es wird dir dabei helfen, die Rollen loszulassen, die nicht mehr zu dir gehören.

Eine andere Möglichkeit ist, dir diese Rollen als Person vorzustellen, die vor dir steht. Tritt ihr nun entgegen und grenze dich von ihr ab mit einer entsprechenden Handbewegung. Sag laut und deutlich »Nein« zu ihr. Und dann: »Ich verabschiede die Rolle des … (zum Beispiel »loyalen Soldaten«). Ich gehe nun meinen eigenen Weg und nehme die Verantwortung für mein Leben zu mir.« Verneige dich dann vor dieser Rolle beziehungsweise Person und lass sie damit los.

Die Rollen, die zu dir gehören, die du ergänzt oder markiert hast, kannst du an einen Ort legen, der dir wichtig ist und an dem du deine persönlichen Dinge aufbewahrst. Du kannst dir auch so etwas wie eine Schatzkiste oder »Lebenskiste« basteln, in die du die Zettel legst und aus der du sie von Zeit zu Zeit herausholst und noch einmal anschaust. Dann kannst du überlegen, ob sie noch passen oder ob wieder eine Korrektur notwendig ist.

Du kannst diese Rollen auch einmal spielen – wie eine Theaterrolle. Überlege dir: Wie wärst du gekleidet? Wie würdest du sie umsetzen? Trau dich zu spielen und diese Rolle zu entwickeln – bei dir zu Hause, im Wald, vielleicht sogar auf einer Bühne. Schau, wie es dir dabei geht, welche Gefühle auftauchen, welche Gedanken. Mach dir anschließend ein paar Notizen, mit denen du diese Rolle charakterisierst. Lass es nachklingen und versuche, die Rolle, die du spielen möchtest, im Alltag auch wirklich zu sein: authentisch und ernsthaft.

## *Gestalte eine Collage*

Für eine Collage kannst du über einige Zeit Zeitschriften und Zeitungen aufheben. Hast du genügend gesammelt, nimm dir eine feste Pappe, einen etwas stärkeren Bogen Papier oder Ähnliches. Dann brauchst du noch Schere und Kleber. Jetzt blättere die Zeitungen durch mit der Frage im Kopf: »Wofür möchte ich in meinem Leben Verantwortung übernehmen? Wo und wie will ich kreativ-schöpferisch meiner Verantwortung nachkommen?«

Wenn dich ein Bild, ein Zitat anspricht, dann schneide es aus und sammle zunächst alles, was du ausschneidest. Hast du genügend Material beisammen, beginne die Collage zu gestalten. Lege die einzelnen Ausschnitte auf die Pappe, ordne sie an, nebeneinander, übereinander, und folge dabei deiner Intuition. Bevor du die einzelnen Ausschnitte aufklebst, sieh noch einmal das Ganze an und überlege, ob es so stimmt oder ob du noch etwas verändern, dazufügen, wegnehmen, anders anordnen möchtest.

Jetzt kannst du die fertige Collage betrachten:

- Was fällt dir auf?
- Welcher Aspekt zieht dich besonders an?

Notiere dir deine Gedanken, die dir zu der Frage kommen, unter der du die Ausschnitte ausgesucht hast. Gibt es konkrete Schritte, die sich jetzt daraus für dich ableiten lassen? Was möchtest du angehen, was umsetzen?

Wenn du magst, kannst du die Collage an eine Wand hängen, auf die dein Blick immer wieder fällt. Betrachte sie ab und an und überlege, ob sie noch stimmig ist oder ob du lieber eine neue gestalten möchtest. Das kann ein guter Indikator dafür sein, wenn Veränderungen anstehen, sich deine Grenzen, deine Verantwortlichkeiten verschieben.

## *Brich auf*

Als Abraham von Gott gerufen wird, aufzubrechen und in ein neues Land zu ziehen, sagt Gott zu ihm: »Wandle vor mir und sei ganz!« Viele Menschen brechen heute auf zur Suche nach sich selbst, nach ihrer Ganzheit, und gehen dazu einen längeren Pilgerweg – zum Beispiel nach Santiago de Compostela.

Auch du kannst dich auch auf einen Pilgerweg machen, selbst wenn du keine acht Wochen Zeit zum Wandern hast. Pilgern meint, einen Weg mit einem spirituellen Ziel zu gehen. Vielleicht gibt es bei dir in der Nähe einen Pilgerweg oder ein Teilstück eines alten Pilgerweges führt in deiner Nähe vorbei.

Es reicht aber auch, wenn du dir einen Weg aussuchst, den du gut gehen kannst – vielleicht für eine Tagesetappe. Dann wird er im Gehen zu deinem Pilgerweg. Er führt dich dir selbst und dem Menschen, als der Gott sich dich gedacht hat, entgegen. Packe dazu einen kleinen Rucksack mit dem notwendigen Essen und Trinken, einem Buch für Notizen und was dir sonst wichtig ist. Du kannst auch einen Pilgerstab mitnehmen. Dieser hatte für die Pilger im Mittelalter den ganz praktischen Zweck, Gefahren wie zum Beispiel wilde Hunde abwehren zu können und bei Anstiegen eine Stütze zu sein. Von Mose wird gesagt, dass er den Gottesstab in der Hand hielt bei seinem Weg durch die Wüste. Der Pilgerstab kann dich daran erinnern, dass du nicht allein unterwegs bist. Gott ist dein Begleiter. Er steht dir zur Seite, stützt und schützt dich.

Dann mache dich auf den Weg. Gehe aufrecht, richte dich immer wieder auf, wenn du merkst, dass du gebeugt bist. Mache dir bewusst, dass du deinen Weg gehst. Du bist verantwortlich für dein Leben und deinen Weg. Du nimmst deinen Weg unter deine Füße und sagst Ja zu deiner Verantwortung.

Egal, wie dein Leben geworden ist bis jetzt, wer dir welche Verletzungen zugefügt hat, an welcher Weggabelung du heute vielleicht anders abbiegen würdest, was dich in deiner Erziehung geprägt hat und du vielleicht gerne anders gehabt hättest: Heute bist du verantwortlich für deinen Weg. Und du bist nicht festgelegt.

Wenn dich unterwegs etwas belastet, dann lass es bei einem solchen Pilgerweg bewusst hinter dir. Dazu kannst du dir am Anfang des Weges einen Stein in den Rucksack tun – vielleicht sogar den, um den du die Rollen gebunden hast, die du loslassen möchtest, oder jenen, um den du den Brief an einen Menschen gebunden hast, der dich verletzt hat. Du kannst diesen Stein dann entweder unterwegs an einem Platz, der für dich passt, oder am Ziel deiner Pilgerwanderung ablegen und zurücklassen. So kannst du spüren: Ich gehe heraus aus den Rollen, die mich festlegen, und nehme meinen Weg unter die Füße.

Vielleicht weißt du auch noch gar nicht, wie du wirklich bist, wenn du dich bisher über deine Rollen definiert hast. Dann geh einfach los, atme bewusst, spüre das Leben in dir und um dich herum. Ein solcher Weg kann der Beginn sein, aus deiner Vergangenheit heraus hinein in deine Zukunft, die jetzt beginnt!

## Die Stimmen unterscheiden

Wie vielleicht schon im letzten Kapitel deutlich wurde, ist es manchmal gar nicht so einfach zu entscheiden, welchen Ansprüchen und Erwartungen wir entsprechen wollen und welchen nicht beziehungsweise wo ich selbst die Grenze ziehe, mich einerseits nicht zu überfordern und ich selbst zu bleiben, aber andererseits auch nicht in Egozentrik und Beliebigkeit zu verfallen.

Etwas einfacher gesagt: Wenn ich still geworden bin, werde ich verschiedene Stimmen in mir hören. Wie kann ich unterscheiden, wer da zu mir spricht? Es gilt also, das eigene Selbst, die Stimme Gottes in mir zu unterscheiden von den vielen Stimmen, die sonst auch noch in mir sprechen. Ich muss also herausfinden: Woher kommt die Stimme, die ich in mir vernehme? Wer oder was treibt mich zu welchem Verhalten, zu welchen Entscheidungen an? Bin ich es selbst, der spricht, oder doch eher meine Mutter, mein Vater oder noch jemand anderer?

Die schon erwähnten Erwartungen und Prägungen aus der Kindheit und unserer Erziehung, die verschiedenen Ansprüche, die meine Rollen an mich stellen, die Erwartungen, die ich selbst an mich habe und die in mir arbeiten, können aus dem Unbewussten heraus zu richtigen inneren Antreibern werden. Sie sagen dann Sätze wie: »Ich muss noch mehr leisten«, »Ich bin nicht gut genug« oder »Wenn mein ehemaliger Klassenkamerad eine so tolle Karriere macht, dann kann ich es auch«.

Dieses Problem der unterschiedlichen Stimmen in uns kannte schon Benedikt. Um sie voneinander unterscheiden zu können, steht für ihn zunächst das Hören im Mittelpunkt. Es ist ihm so wichtig, dass er damit seine Regel, nach der die Benediktiner leben, beginnt: »Höre, mein Sohn, auf die Weisung des Meisters, neige das Ohr deines Herzens, nimm den Zuspruch des gütigen Vaters willig an und erfülle ihn durch die Tat!« (RB, Prolog 1–2).

Wenn hier von der »Weisung des Meisters« die Rede ist, kann dies sowohl auf den Abt als auch auf Gott bezogen werden. Der Abt ist verpflichtet hinzuhören, den Willen Gottes zu erforschen. Er ist der »erste Hörende« und hat die Aufgabe, seine Mitbrüder zu leiten, für sie und für die Entfaltung der dem je eigenen Ebenbild Gottes entsprechenden Veranlagung und Begabung Sorge zu tragen.

Benedikt umschreibt das »Hören« in diesem Zitat mit den Worten: »das Ohr des Herzens neigen«. Vielleicht meint das eher noch ein Lauschen, ein feinfühliges Hinhören und Wahrnehmen, woher die Stimme kommt, die ich gerade vernehme, und von welcher Art diese Stimme ist, bis ich ganz sicher bin, wer da zu mir spricht. Dann meint »das Ohr des Herzens neigen« auch ein Nach-innen-Gehen, ein Sich-Abwenden von dem lauten Lärm und dem, was ich sonst noch den ganzen Tag höre.

Wir Mönche haben an unserem Ordensgewand eine Kapuze. War diese ursprünglich ein Regenschutz, erfüllt sie heute eine andere Aufgabe: Setzt ein Mönch diese Kapuze auf, möchte er nicht angesprochen werden. Er betet, meditiert. Er ist bei sich und hört nach innen. Für uns Mönche ist daher auch das Schweigen so wichtig, denn nur dann kann man wirklich hinhören, wenn man selbst schweigt. Die Stimme Gottes im Menschen kann schnell überhört werden, durch allzu laute Umgebung übertönt werden. Sie will erlauscht werden.

Dazu gibt es in der Bibel eine schöne Geschichte: Samuel lebt mit dem Priester Eli als gottgeweihter Junge im Tempel. Als Samuel in der Nacht eine Stimme vernimmt, die ihn ruft, geht er zu Eli und sagt zu ihm: »Hier bin ich, du hast mich gerufen.« Eli verneint und schickt ihn wieder schlafen. Ein zweites und drittes Mal kommt Samuel zu Eli, weil er immer wieder diese Stimme hört. Beim dritten Mal ahnt Eli, dass Gott es ist, der Samuel (an)ruft, und er sagt zu ihm: »Wenn er dich wieder ruft, antworte ihm: ›Rede, Herr, denn dein Diener hört.‹« Gott ruft Samuel ein viertes Mal. Und jetzt kann er aufstehen und sagen: »Rede, Herr, denn dein Diener hört.« Samuel muss erst mit der Hilfe von Eli lernen, die Stimme Gottes als solche zu erkennen.

Eine andere wunderbare Stelle in der Bibel ist die Erzählung von Elija, der nach langer Wanderung durch die Wüste am Berg Horb ankommt. Hier legt er sich in eine Höhle und lässt einen Sturm, ein Erdbeben und ein Feuer vorüberziehen, weil – so heißt es – Gott nicht darin ist. Dann kommt ein »sanftes, leises Säuseln«. Als er dies hört, hüllt Elija sein Gesicht in einen Mantel und stellt sich an den Eingang der Höhle. Es bleibt ungesagt, ist aber in den Worten spürbar: Gott ist in diesem leisen, sanften Säuseln. Martin Buber – ein jüdischer Religionsphilosoph – hat dieses leise Säuseln in seiner Übersetzung mit »verschwebendem Schweigen« benannt. Zarter und feinfühliger geht es kaum: eine Stimme, die in dem Moment, in dem ich sie wahrnehme, fast schon wieder »verschwebt«.

Die einladende Stimme Gottes im Menschen, der ihn auf neuen Wegen zu sich selbst führen will, meldet sich zu Beginn meistens eher leise und sanft. Sie kann aber auch sehr hartnäckig sein: Ganz unerwartet taucht manchmal in uns ein Gedanke auf, eine Idee für unser Leben. Erst ist er ganz unaufdringlich, vielleicht hält man ihn für eine fixe Idee. Dann aber wird die Stimme, die ruft, drängender, liebevoll zwar, aber so, dass es uns nicht mehr loslässt. Und dann ist sie nicht mehr zu überhören oder zu verdrängen. Man muss sich ihr stellen und damit auch den Veränderungen, die sie mit sich bringt. Man muss ihnen schließlich ihren Raum geben.

Manchmal führt das dazu, dass man Wege geht, Richtungen einschlägt, die so im eigenen Lebensplan nicht vorgesehen waren. Bei mir war es so, als ich auf den Jakobsweg gerufen wurde. Vor meinem Aufbruch habe ich mich selbst für verrückt erklärt, mitten im Herbst und Winter aufzubrechen – und dann auch noch die Pyrenäen vor mir zu haben. Es gab genügend Stimmen in mir, die mir diesen Weg ausreden wollten: »Zu gefährlich mitten im Winter«, »Was ist, wenn dir etwas passiert und niemand findet dich?« Doch die eine Stimme, die mich rief, war unüberhörbar, und ich hätte an mir vorbeigelebt, wäre ich ihr nicht gefolgt.

So erging es wohl auch einer jungen Frau, die eines Abends mit dem Fahrrad in ein Kloster zum Abendgebet fährt. Während des Gebetes fängt es an zu regnen, zu donnern und zu blitzen. Ein heftiges Gewitter. Sie kann nicht zurückradeln, und man bietet ihr an, dort zu bleiben. Die Nacht ist unruhig, sie spürt, dass dieser Ort sie fasziniert und sie nicht loslässt. Innerhalb dieser Nacht wird der Ruf ihrer inneren Stimme immer stärker und lauter. Am nächsten Morgen weiß sie: Sie muss bleiben. Hier ist ihr Ort. Gott hatte sie gefunden.

Im spirituellen Bereich wird oft von der Gottsuche gesprochen. Ich formuliere es lieber anders: Mich finden lassen, das ist mir sympathischer. Es öffnet mich als Mensch, setzt zugleich aber voraus, dass ich bereit bin, mich finden, in Bewegung bringen zu lassen. Wenn ich dann gerufen werde, kann ich es zulassen, kann hinschauen, wo und wie Gott sich zeigt, auf welchen Weg er mich ruft.

Woran aber nun erkenne ich die Stimme Gottes, wie unterscheide ich sie von anderen?

Manchmal gibt es das: diese Klarheit der Stimme Gottes. Nicht diskutierbar. Es ist einfach klar, dass er es ist, der jetzt zu mir spricht. So wie es manchmal zwei Menschen geht, die sich kennenlernen und wissen: »Der ist es. Meine große Liebe. Der oder keiner.« Damit verbunden ist häufig ein großer Friede, eine Ruhe und Gelassenheit, die uns plötzlich ergreift.

Oft beginnt der Weg aber zunächst mit einer inneren Unzufriedenheit, obwohl von außen betrachtet in den verschiedenen Lebensbereichen alles stimmt: Beruf, Familie, Gehalt, Erfolg, Ansehen, Anerkennung. Und doch merkt man dann, dass man unzufrieden ist, ohne dass man genau benennen könnte, was einen unzufrieden macht. Man spürt: Etwas muss sich ändern. Und so fragt man sich immer wieder: »Ist mein Leben noch richtig so, wie ich es lebe?«

Es kann zunächst auch ein eher vages Gefühl sein: Man spürt die Notwendigkeit zur Veränderung, hat gleichzeitig aber auch Angst davor, weil man nicht weiß, was dann geschieht oder geschehen soll.

Meine Erfahrung ist: Wenn die Seele sich meldet, weil Veränderungen anstehen, dann weiß sie auch den Weg und die Richtung. Das gilt auch, wenn die Zeichen sozusagen auf Sturm stehen und durch ein Ereignis plötzlich nichts im Leben mehr so ist wie vorher.

Selbst wenn Angst auftaucht, hilft es, im tiefsten Grund auf die leise Stimme Gottes zu hören, die mir sagt: »Fürchte dich nicht – ich habe dich bei deinem Namen gerufen, ich bin mit dir. Ich begleite dich.«

Wenn ich spüre, dass Veränderungen anstehen, dann ist dieser neue Weg zu mir selbst oft mit Schmerz verbunden, weil es gilt, Dinge loszulassen und einen Weg zu beschreiten, von dem ich zu Beginn noch nicht weiß, wohin er mich führen wird.

Auch ich habe das auf dem Weg nach Santiago erfahren: Ich wusste nicht, wohin der Weg mich innerlich führt, wie mein Lebensweg anschließend weitergehen, welche Veränderungen anstehen würden, was ich loslassen und ändern muss. Ich wusste nur: Ich muss losgehen. Geholfen hat mir damals, dass ich täglich einen Text von Karl Rahner gelesen habe, in dem er von den heiligen drei Königen spricht, die einen langen Weg auf sich nehmen, um das Kind in der Krippe zu finden (vgl. Karl Rahner, Das große Kirchenjahr, Hrsg. Albert Raffelt, Freiburg 1987). Mich hat dieser Text jeden Morgen neu ermutigt, weiterzugehen, besonders dann, wenn es schwierig wurde, wenn ich keine Lust mehr hatte. In diesem Text wird deutlich, dass die drei Könige aufgebrochen sind, weil sie eine Sehnsucht in sich spürten. Sie sehnten sich danach, den Gott zu finden und zu schauen, der Leben in Fülle schenken kann und will. Rahner erzählt in dieser Geschichte auch von den Blicken der Menschen, die am Wegesrand stehen, ihren Alltagsgeschäften nachgehen und nicht verstehen, was die drei da tun, weshalb sie einen so langen Weg auf sich nehmen. Für mich ist das ein Bild für all die Menschen, die sich irgendwann mit der Routine ihres Lebens zufriedengeben, denen es reicht, wenn »es geht«, wenn es – wie Madeleine Delbrêl sagt – »monoton und langweilig [...] zugeht«. Ich habe eine ähnliche Erfahrung gemacht auf meinem Pilgerweg: Eines Tages in einem Café fragte mich ein Mann, wohin ich unterwegs sei. Ich erklärte es ihm. Er antwortete: »Du musst es wissen. Es ist dein Leben.« Seine Antwort ließ mich spüren, dass er es für völlig sinnlos hielt, was ich tat. Ich aber fühlte den inneren Drang, meinen Weg zu gehen. Und ich hatte die Sehnsucht in mir nach diesem Ziel. Ich konnte während des Weges gar nicht genau sagen, wonach ich mich sehnte. Das wusste ich erst am Ziel. Da war ich näher bei mir, hatte eine große Gelassenheit dem Leben und seinem Weg mit mir gegenüber gefunden. Ich wusste jetzt: Wenn ich meinen Weg entschieden unter die Füße nehme, dann bin ich geführt, begleitet und komme in meinem Leben immer dort an, wo ich ankommen soll. Ich werde immer den Weg geführt, der jetzt notwendig ist für den nächsten Entwicklungsschritt. Ich bin also immer mehr unterwegs zu mir selbst.

Im Letzten geht es um Sehnsucht: um die Sehnsucht des Leibes, der Seele nach vollem, echtem, lebendigem Leben – so wie es Gott gemeint hat. Unzufriedenheit ist dann oft sozusagen die andere Seite der Sehnsucht. Sie ist da in mir, weil ich eigentlich Sehnsucht nach etwas habe, was ich bisher noch nicht lebe. Hier bin ich noch nicht bei mir zu Hause, noch nicht bei mir selbst angekommen. Diese Sehnsucht aber fällt oft dem Alltag, dem angeblich Möglichen beziehungsweise Unmöglichen zum Opfer. Doch die Seele zeigt uns unsere Sehnsucht nicht, ohne gleichzeitig auch den Weg zu ihrer Erfüllung zu kennen – man muss nur die »inneren Ohren« öffnen und auf ihre Stimme lauschen.

# Übungen

*Der Unzufriedenheit ein Gesicht geben*

Nimm dir Zeit, setze dich entspannt an einen Ort, an dem dich niemand stört und wo du dich wohlfühlst. Nun richte deinen Blick nach innen und versuche auf die Stimme in dir zu hören, die unzufrieden ist. Gib ihr Raum, indem du ihr folgendermaßen Aufmerksamkeit schenkst:

Nimm wahr, ob sich deine Unzufriedenheit an einer bestimmten Stelle in deinem Leib zeigt. Vielleicht spürst du es im Magenbereich? Dann überlege: Was ist dir auf den Magen geschlagen? Wenn du es eher in der Brust spürst: Gibt es etwas, was dir die Luft zum Atmen nimmt, was dich eng macht? Welche Möglichkeiten gibt es, diese Situation zu ändern und dir wieder Luft zum Atmen zu geben?

Lass zu diesem Gefühl der Unzufriedenheit spontan Bilder aufsteigen aus deinem Inneren, die sich damit verbinden. Welches Bild kommt dir? Hier kann zum Beispiel das Bild deines Chefs vor dein inneres Auge treten. Jetzt kannst du dich fragen, was dein Chef mit deiner Unzufriedenheit zu tun hat, welchen Anteil er daran hat. Oder in dir entsteht das Bild eines Waldes voller Eichen – verbunden mit dem Wunsch, diese Bäume zu verpflanzen. Was will verpflanzt werden, braucht einen anderen Platz, Stellenwert in deinem Leben als jetzt? Frage dich, welchen Bezug dein konkretes Leben zu diesem inneren Bild hat.

Vielleicht steigt auch ein Gefühl in dir auf, zum Beispiel Wut, Ärger, Trauer. Dann überlege, was oder wer dich wütend, ärgerlich, traurig sein lässt und warum. Wut und Ärger sind auch Zeichen des Lebens, das in dir leben will, aber eben noch nicht genügend Raum gefunden hat. Welche Möglichkeiten hast du, deine jetzige Situation zu ändern?

Die folgenden Übungen können hilfreich sein, wenn du wahrnehmen willst, wie es dir gerade wirklich geht und in welchen Bereichen deine Unzufriedenheit, aber auch deine Sehnsucht steckt. Da es oft nur ein vages Gefühl ist, das uns einfach nicht mehr loslassen will, hilft es oft, diesem auf den Grund zu gehen und zu schauen, was dort am Ende verborgen liegt.

## *Gib deinem Ärger einen Namen*

Vielleicht kennst du das Märchen von Rumpelstilzchen. Ein kleiner Wicht, dessen Name nicht genannt wird, schließt mit der Königin einen Pakt: Er hilft ihr aus vielerlei Schwierigkeiten und bekommt als Gegenleistung dazu ihr erstgeborenes Kind. Als die Zeit gekommen ist, weint und klagt die Königin so, dass sie ihr Kind hergeben soll, dass der Wicht sich auf einen Kompromiss einlässt: Wenn die Königin in drei Tagen herausgefunden hat, wie er heißt, welchen Namen er trägt, lässt er ihr das Kind. Am Ende eines jeden Tages kommt der Wicht und fragt, ob die Königin seinen Namen weiß. Doch nie gelingt es ihr, ihn zu erraten. Einer ihrer Boten kann den Namen schließlich doch in Erfahrung bringen, und am Abend des dritten Tages sagt die Königin auf die Frage des Wichtes: »Du heißt Rumpelstilzchen.« Da wird es so wütend, dass es sich selbst entzweireißt.

Für mich wird daraus deutlich: Wenn ich etwas mit Namen benennen kann, hat es keine Macht mehr über mich. Dann kann ich konstruktiv damit umgehen. Wenn ich meinem Ärger nachspüre, und kann ich herausfinden, was der Grund dafür war. Erst jetzt kann ich sehen, was ich tun kann, um diesen Ärger loszuwerden. Solange es unbenannt in mir tobt, ohne dass ich es fassen kann, kann ich nichts tun.

Wenn du also Zorn oder Ärger in dir spürst, erinnere dich an Rumpelstilzchen und versuche herauszufinden, welchen »Namen« dein Ärger hat und wo er »sitzt«, das heißt, was er in dir angesprochen hat, dass du ärgerlich geworden bist: Fühlst du dich beispielsweise verletzt, nicht gesehen, ungerecht behandelt ...?

Überlege dann, was du tun kannst, um deinen Ärger loszulassen: Sport treiben, einen Brief schreiben, ein klärendes Gespräch führen, dir überlegen, was du ändern willst oder musst, damit du dich nicht immer wieder über die gleichen Dinge ärgerst.

## *Wer bin ich – und wenn ja, wie viele?*

Wenn du eine Unzufriedenheit oder auch eine Sehnsucht in dir spürst und das Gefühl hast, dass du etwas verändern willst in deinem Leben, wirst du wahrscheinlich ziemlich bald merken, dass immer gleich mahnende Stimmen in deinem Kopf laut werden, die vor der Veränderung warnen, Bedenken äußern, was dann wohl passieren wird, Gefahren aufzeigen, Ängste äußern. Um herauszufinden, wer da in dir spricht, ob es also deine ureigene Stimme ist oder die anderer Menschen, die dich im Lauf deines Lebens geprägt haben, kannst du versuchen, mit ihnen ein Gespräch zu beginnen.

Lege dir dazu Papier und Stift zurecht und setze dich zunächst still und entspannt hin. Schließe deine Augen.

Nimm deinen Atem wahr. Spüre, wie du dabei ruhig wirst.

Lass nun alle Stimmen in dir sprechen. Höre erst einmal nur zu und versuche zu unterscheiden, mit welcher Stimme gesprochen wird: männlich oder weiblich, bedrohlich oder zuckersüß, ängstlich ...

Dann öffne die Augen und notiere dir das, was sie sagen. Das können solche Sätze sein wie: »Das schaffst du nicht!«, »Dieser Beruf ist brotlose Kunst!«, »Das Risiko ist viel zu hoch!«

Wenn du alle Stimmen und ihre Sätze aufgeschrieben hast, schließe wieder die Augen und frage die verschiedenen Stimmen, ob sie einen Namen haben. Dabei kann eine Erinnerung an ein Familienmitglied auftauchen, an einen Lehrer oder eine andere Person, die in deinem Leben eine prägende Rolle gespielt hat.

Vielleicht hörst du aber auch, dass eine Stimme dir Antwort gibt und beispielsweise sagt: »Ich bin deine Mutter.« Öffne nun wieder die Augen und notiere, soweit du es nun weißt, zu den Sätzen auf deinem Notizblatt die Namen der Menschen, die sich dir im Hineinhorchen geoffenbart haben.

Es können durchaus auch ermutigende Stimmen auftauchen. Wenn ein Mensch dich immer wieder ermutigt, an dich geglaubt und dir zum Beispiel gesagt hat: »Du sollst glücklich werden. Wähle den Beruf, der dich glücklich macht, und nicht den, den andere von dir erwarten«, dann kann die Erinnerung an einen solchen Satz bestärkend sein in dem, was an Veränderungen für dich ansteht. Schreibe die ermutigenden Stimmen auf einen eigenen Zettel und ergänze wieder den passenden Namen.

Mach eine Pause, geh eine Runde spazieren oder was immer dir guttut. Dann setze dich nochmals hin und schau dir deine Notizen genau an: Gibt es Stimmen, die du, außer den ermutigenden, auch »hören« willst? Gibt es Bedenken, die geäußert werden, die du tatsächlich berücksichtigen solltest bei deiner Entscheidung? Welche anderen gibt es, die du als lebenshemmend und unnötig beschränkend oder verletzend identifizieren kannst?

Die ermutigenden Stimmen kannst du wieder in deine »Schatzkiste« oder an einen Ort legen, an dem du wichtige Dinge aufbewahrst. Die Bedenken, die du berücksichtigen oder zumindest selbst überdenken möchtest, kannst du auf deinen Schreibtisch legen oder an einer Stelle aufhängen, auf die dein Blick immer wieder fällt, damit sie dir nicht aus dem Gedächtnis geraten und du sie zu Ende denken kannst. Die negativen Stimmen kannst du samt dem Zettel verbrennen. Damit gibst du sie ab und lässt sie los. Du gibst ihnen keine Macht mehr über dich. Dazu kannst du laut sagen: »Ich lasse euch los. Die Stimmen, die mir nicht guttun und die mich an meinem Leben hindern, übergebe ich dem Feuer, damit ihr gereinigt und verwandelt werdet. Bei mir findet ihr keinen Eingang mehr.« Sollten diese Stimmen sich wieder melden oder sollte dir jemand in deiner Umgebung wieder einen

Satz sagen, der dich an diese lebenshemmenden Botschaften erinnert, kannst du sie so innerlich auf Distanz halten.

So lernst du nach und nach, die Stimmen in dir zu unterscheiden, bis du deine echte innere Stimme hörst. Dabei können Dir auch die folgenden Übungen helfen:

## *Vertrau deinem Herzen*

Vor Jahren erschien das Buch »Geh, wohin dein Herz dich trägt« von Susanna Tamaro. Dort heißt es am Ende: »Und wenn sich dann verschiedene Wege vor dir auftun werden und du nicht weißt, welchen du einschlagen sollst, dann überlasse es nicht dem Zufall, sondern setz dich hin und warte. Atme so tief und vertrauensvoll, wie du an dem Tag geatmet hast, als du auf die Welt kamst. Lass dich von nichts ablenken, warte, warte noch. Lausche still und schweigend auf dein Herz. Wenn es dann zu dir spricht, steh auf und geh, wohin es dich trägt.«

Vielleicht magst du es versuchen? Setze dich still und entspannt hin und atme tief und vertrauensvoll. Spüre deinen Atem, nimm ihn wahr. Mit jedem Ausatmen versuche ein wenig tiefer in deinen Bauchraum hinein zu atmen und dich ein wenig mehr in diesen Atem hineinzugeben. Vertraue dich deinem Atem an. Nimm dich selbst ganz bewusst wahr.

Dann lausche tief in dich hinein. Höre, welche Stimmen laut werden, welche jetzt gerade in dir sind und welche Gefühle dazu auftauchen. Nimm sie wahr, halte sie aber nicht fest. Lass sie auch wieder gehen, bis aus deinem tiefsten Inneren die Stimme auftaucht, die sich richtig anfühlt, die dich ruhig macht und gelassen, vielleicht sogar Freude in dir auslöst. Oder dir Energie und Kraft schenkt.

Du fühlst dich eins mit dieser Stimme – du bist es einfach. Lass diese Stimme einen Satz formulieren, der diese Freude, diese Kraft für deinen Weg in Worte fasst. Höre, welcher Satz sich in dir aus deinem tiefsten Inneren formuliert, der dir jetzt für deinen Weg hilft, der dich weit, frei und klar sein lässt. Verweile in dieser Stimme. Wiederhole immer wieder, was sie dir gesagt hat. Verweile ganz bei dir – solange es dir guttut.

Für diese Übung brauchst du Geduld und auch ein bisschen Übung. Es kann sein, dass du deine eigene Stimme nicht sofort hörst. Trotzdem tut es gut, sich einfach nur wahrzunehmen und tief zu atmen, in der liebenden Gegenwart Gottes zu verweilen. Du kannst einfach da sein und alle Gedanken und Stimmen kommen und gehen lassen wie Wolken, die an einem Berg vorbeiziehen. Im Atem spürst du dann vielleicht Gottes lebendige Gegenwart und dass du sein Tempel bist, sein heiliger Raum. Spüre, wie du darin ruhig und gelassen wirst.

## *Mehr Liebe, mehr Freiheit, mehr Freude, mehr Frieden*

Wenn sich in dir Unzufriedenheit und Sehnsucht melden, stehen die Zeichen auf Veränderung. Doch was willst du durch diese Veränderung erreichen? Oft lässt es sich nur schwer in Worte fassen, was denn anders werden soll. Wenn man es etwas allgemeiner fasst, ist aber das Ziel, dass es in unserem Leben mehr Liebe, mehr Freiheit, mehr Freude und mehr Frieden gibt. Das sind wohl auch die Kennzeichen der Stimme Gottes in dir. Gott ist die Liebe, er will unsere Freiheit, er beruft uns zur Freude und will tiefen Frieden schenken.

Setze dich daher wieder an einen Ort, an dem du dich wohlfühlst, und lege dir Stift und Papier zurecht. Überlege einmal: Wobei empfindest du mehr Freiheit, mehr Freude, mehr Liebe und was schenkt dir Frieden? Spüre dem nach, was eher ein Gefühl der Enge in dir auslöst und was dich frei macht.

Gibt es Aktivitäten, die das unterstützen, zum Beispiel wandern oder schreiben, Kuchen backen oder die ehrenamtliche Arbeit im Verein?

Wenn du schon verschiedene Möglichkeiten überlegt und ausgelotet hast, wie sich dein Leben verändern könnte, beispielsweise durch einen Umzug, eine neue Position im Beruf oder eine Heirat oder die Geburt eines Kindes, dann schreibe diese auf und spüre nach: Wenn du diese oder jene Möglichkeit realisieren würdest, was davon würde dein Leben freier machen, mit mehr Freude erfüllen, mit mehr Liebe und Frieden?

Sammle auch diese Liste in der »Schatzkiste« oder an einem Ort, an dem du wichtige Dinge aufbewahrst, und ergänze in den nächsten Tagen und Wochen die Liste oder streiche einzelne Möglichkeiten, die diese Kriterien nicht erfüllen.

## *Die je leisere Stimme*

Gott ruft dich zum ganzen Menschsein. Und das wie bei Samuel und Elija nicht heftig, laut, polternd, krachend, sondern sanft, liebevoll und zärtlich. Man könnte daher sagen: Gottes Stimme ist die je leisere gegenüber den übrigen Stimmen, die dich durch ihre Lautstärke überzeugen wollen.

Lausche daher bewusst auf die leisen Stimmen in dir und um dich herum. Das kann auch nur eine leise Vogelstimme sein, die fast im Straßenlärm untergeht, die dich aber neu öffnet für die Schönheit und Vielfalt der Schöpfung. Oder auch diese: Mitten in deinem hektischen Alltag erreicht dich ein Anruf. Ein anderer möchte einfach nur hören, wie es dir geht. Vielleicht sagt dir auch jemand einen lieben Satz, etwas, das dich freut und das du nicht erwartet hast. Es kann auch nur ein Gedanke sein, der aufblitzt und in dem vielleicht sogar der Ruf zu einer (neuen) Lebensaufgabe steckt.

Du kannst so etwas wie ein »Stimmentagebuch« führen: Notiere solche Gedanken, freundlichen Worte, Erfahrungen, Begegnungen in einem Heft. Vielleicht stellst du fest, dass dabei eine Stimme immer wiederkehrt und vielleicht auch immer drängender wird.

Es ist nicht immer leicht, die verschiedenen Stimmen voneinander zu unterscheiden. Manchmal ist es beinahe unmöglich für einen selbst, herauszufinden, welche davon unsere eigene ist. Dann kann es helfen, auch einmal mit einem anderen Menschen darüber zu sprechen, seine Meinung und Einschätzung zu hören, wie er über deine Entscheidungen denkt. Wenn du niemanden kennst, mit dem du diese Dinge besprechen kannst oder willst, kannst du auch mit einem erfahrenen Menschen eine geistliche Unterscheidung vornehmen, so wie Eli es bei Samuel tat. Hilfe dazu findest du beispielsweise bei einem Seelsorger, vielleicht auch bei Exerzitienkursen oder Einkehrtagen im Kloster. Das Angebot beziehungsweise die Möglichkeiten sind sehr groß, schau einfach, was für dich und deine Fragestellungen am besten passt.

## *Talente und Begabungen*

Eine wichtige Spur auf dem Weg zu dir selbst sind auch deine Begabungen und Talente. Ein erster Schritt, diese zu entdecken, kann sein, dass du all deine Stärken und deine bisher entdeckten Begabungen auf je ein Blatt Papier schreibst und festhältst.

Um deinen Stärken auf die Spur zu kommen, könntest du dich fragen: Was gelingt mir immer gut? Worin bin ich einfach klasse? Für was bekomme ich Anerkennung?

Für die Begabungen kann eine Spur sein, zu schauen, worin du dich vertiefen kannst und am Ende nicht mehr weißt, ob es Morgen, Mittag oder Abend ist, weil du so darin versunken warst. Wo fließt deine Energie, wobei musst du dich nicht anstrengen, sondern merkst, dass es dir eher noch neue Energie gibt, weil es so viel Freude macht?

Du kannst auch dir vertraute und wichtige Menschen fragen. Fordere sie auf, dir zu sagen, was sie für deine Stärken und was für deine Begabung halten. Notiere es dir und lass es auf dich wirken. Schwingt da etwas bei dir? Wird etwas genannt, was du so noch gar nicht an dir entdeckt hast?

Du wirst vielleicht den Eindruck haben, nicht alle gleichermaßen umsetzen zu können. Vielleicht musst du dich entscheiden oder sie in verschiedenen Bereichen deines Lebens einsetzen. Die einen kannst du im Beruf verwirklichen, die anderen in deinen Hobbys, wieder andere in der Familie. Entdecke im Leben deiner Talente und Begabungen die Freude, die dies machen kann. Die Freude an dir und daran, dass du dich kreativ einsetzen und engagieren kannst.

## Träume (wieder-)entdecken

Vor einiger Zeit bekam ich von einer Mutter als Dankeschön für eine Klassenfahrt, an der ihr Sohn teilgenommen und die ich begleitet hatte, ein Schild mit folgendem Spruch geschenkt: »Take pride in how far you have come and have faith in how far you can go« (»Sei stolz darauf, wie weit du gekommen bist, und glaube daran, wie weit du kommen kannst«). Spannend ist: Wenn Jesus Menschen geheilt hat, hat er ihnen oft den Satz gesagt: »Dein Glaube hat dir geholfen.« Der Glaube ist wohl das Entscheidende. Zugleich ist er eine Herausforderung. Die Bibel erzählt von einer Frau, die seit achtzehn Jahren gelähmt war. Sie soll nun glauben, dass Heilung möglich ist, dass ihr Leben noch einmal heil und ganz, ja neu werden kann.

Der Glaube daran, dass Unmögliches möglich werden kann, kann wirklich Berge versetzen. Egal, wie viele Umwege, wie viele Misserfolge ich bereit erfahren habe: Der Glaube daran, dass es trotzdem gelingen kann, kann es wirklich wenden. Ich denke da an einen jungen Mann, der straffällig wurde und der »zufällig« den Weg in ein Kloster fand. Dort wurde er als Gast aufgenommen und einer der Brüder kümmerte sich um ihn. Er konnte in diesem Kloster leben und mitarbeiten. Er hatte ein Dach über dem Kopf und verdiente ein wenig Geld. Nach und nach fand er dann seinen Weg ins Leben zurück. Mittlerweile hat er eine eigene Wohnung, holt seinen Schulabschluss nach, hat eine geregelte Arbeit und gute Aussichten darauf, bald ein ganz eigenständiges, »normales« Leben führen zu können. Das war aber nur möglich, weil er fest daran glaubte, dass es möglich ist, sein Leben zu ändern, und den Weg begonnen hat. Natürlich hat es auch viel mit der Hilfe der Brüder zu tun, die ihm begegnet sind und die Vertrauen in ihn gesetzt haben.

Vor einigen Jahren ist in Münsterschwarzach in einer 72-Stunden-Aktion ein Labyrinth angelegt worden. Ich gehe gerne mit Schülern oder Gästegruppen durch dieses Labyrinth. Der Weg darin führt immer in die Mitte, wenn auch über Umwege. Eines der Kennzeichen des Labyrinthes ist: Gerade wenn man denkt, der Mitte nun sehr nah zu sein, wird man noch mal ganz nach außen geführt. Nicht umsonst sehen viele Menschen im Labyrinth ein Bild für das Leben. Wie der Lebensweg auch verläuft: Es braucht das Vertrauen und den Glauben, dass er in die Mitte führt – immer mehr zu mir selbst und damit zu Gott.

Doch um diesen Weg zu gehen, muss man zunächst einmal aufbrechen, sich auf den Weg machen in diesem Vertrauen. Als ich 1999 zu meiner Wanderung auf dem Jakobsweg aufbrach, gab mir ein Mitbruder eine seiner

Predigten mit. Darin hieß es sinngemäß: Vom Fernsehsessel aus kann man das Leben nicht meistern und den Weg nicht unter die Füße nehmen. Es braucht den Aufbruch, zu dem Gott Menschen immer wieder gerufen hat und ruft. So wie Abraham, den »Urvater« des Glaubens, auf den sich Juden, Muslime und Christen beziehen. Er erhält von Gott den Auftrag: »Zieh weg aus deinem Land, in das Land, das ich dir zeigen werde.« Und Abraham – schon betagt – vertraut einfach und geht los. Eigentlich ist er in einem Alter, in dem er sein Leben als vollendet ansehen kann. Doch Gott hat noch etwas vor mit ihm. Er schenkt ihm einen Traum: davon, dass Abraham sich führen lässt, neues Land findet und Söhne haben wird, so zahlreich wie die Sterne am Himmel.

Im übertragenen Sinn träumt Gott diesen Traum mit jedem Menschen: dass er aufbricht in sein eigenes Land, sein inneres Land. Das Bild der Sterne am Himmel steht für die Erfüllung dieser Sehnsucht: anzukommen bei sich selbst und Leben in Fülle zu haben. Als ich zu Beginn meiner Klosterzeit einmal im Winter morgens nach dem Morgengebet mit den anderen in unserem Garten stand, war es dunkel und kalt. Über uns war ein ganz klarer, weiter Sternenhimmel zu sehen. Und in die Stille hinein sagte ein Mitbruder: »Jetzt schaut euch diesen weiten Himmel an. Und da gibt es Menschen, die behaupten, dass Gott kleinlich sei.« Gott träumt groß vom Menschen. Und er hat den Traum, dass das Leben jedes Einzelnen gelingt.

Zum Gelingen meines Weges gehört, dass ich mich frage, wie dieser Traum Gottes von mir oder mit mir denn wohl aussieht. Ich erinnere mich noch einmal an meinen Pilgerweg nach Santiago de Compostela. Als ich im Zug saß, um nach Frankreich zu fahren, wo mein Weg beginnen sollte, fragte mich ein älterer Herr, was ich denn vorhabe, als er mich mit meinem Rucksack und meinem Wanderstab sah. Als ich ihm antwortete, ich werde nach Santiago pilgern, begannen seine Augen zu leuchten und er sagte zu mir: »Sie tun das, was wir alle in unserer Jugend mal tun wollten.« Mir wurde deutlich, welches Geschenk ich bekam, diesen Weg gehen zu können, aber ich war auch glücklich, dass ich der Sehnsucht, die mich auf diesen Weg gerufen hatte, gefolgt war. Jahre zuvor war sie bereits aufgetaucht, aber ich hatte sie vergessen oder verdrängt, bis sie schließlich wieder auftauchte und ich nicht mehr anders konnte, als ihr zu folgen.

Die Frage, die ich mir stellen muss, wenn ich dem Traum Gottes in mir auf die Spur kommen möchte, muss also heißen: Wohin in meinem Leben zieht es mich eigentlich wirklich? Was will ich wirklich? Kinder und Jugendliche ahnen diese Wirklichkeit tief in sich, denn oft reden sie schon früh von ihren Träumen vom Leben oder ihrem Berufswunsch. Ich erinnere mich an einen Schüler, der, nachdem er das erste Mal geflogen war, davon träumte, Pilot zu werden. Viele in seiner Umgebung haben ihm davon abgeraten. Sie sagten ihm, das würde er sowieso nicht schaffen, die Auswahlkriterien und Prüfungen seien sehr streng und so weiter. Er hat aber daran festgehalten und ist konsequent darauf zugegangen. Mittlerweile hat er seine Fluglizenz und arbeitet als Pilot.

Oft geraten die Träume vom eigenen Leben, die man als Kind oder Jugendlicher hatte, ins Vergessen und tauchen viel später erst wieder auf. Wenn ein Mensch in eine Lebenskrise gerät, auf der Suche nach sich selbst, seiner wahren Bestimmung ist, nach dem, wozu Gott ihn ruft, kann es daher hilfreich sein, ihn nach seinen Lebensträumen als Kind zu fragen, nach dem, was sich damals ganz unverfälscht und echt aus ihm heraus gemeldet hat.

Ich denke an einen älteren Herrn, der einige Monate vor seinem Tod sich einen lang gehegten Traum erfüllte: Nur mit seinem Hund ist er mit dem Auto fünf Wochen lang von Deutschland aus ans Nordkap gefahren. Gott sei Dank hat seine Familie ihn dazu ermutigt – unter der einzigen Bedingung, dass er sich einmal am Tag bei ihr meldet. Andere aber könnten denken: Was ist das denn für eine unvernünftige Aktion? So etwas macht man doch nicht mehr im fortgeschrittenen Alter!

Wenn ich bereit bin zum Aufbruch, muss ich mir darüber klar sein, dass ich andere damit konfrontiere, dass das Bild, das sie von mir haben, zerstört wird beziehungsweise sich wandeln will. Manche werden sich abwenden und denken: Der spinnt jetzt! Andere werden es aber vielleicht auch als

Ermutigung auffassen und sich selbst die Frage nach ihren nicht gelebten Träumen stellen.

Zunächst aber ist und bleibt notwendige Veränderung eine Herausforderung für den Betroffenen selbst. Er wird auch das Bild, das er von sich selbst hatte, ändern müssen. Er wird sich selbst neu annehmen müssen und sich mit Geduld und Liebe dem nähern, der er eigentlich ist, und dem, was in ihm endlich leben und aufblühen möchte.

# Übungen

## *Das Bild von mir verabschieden*

Das Ausleben deiner Träume kann den Abschied von dem Menschen fordern, der du jetzt gerade bist, oder zumindest von einem Aspekt deiner Person. Das Bild von dir selbst, das du vielleicht jahrelang hattest, musst du jetzt korrigieren oder ganz neu erfinden. Um das etwas greifbarer zu machen, kannst du ein Foto von dir nehmen und es vergraben oder »beerdigen«, vielleicht sogar zusammen mit einer Blumenzwiebel oder Samen, sodass du ganz augenscheinlich sehen kannst, dass daraus etwas Neues entsteht und erwächst. Zudem kannst du die Eigenschaften, die sich jetzt verändern werden und die du loslässt, notieren und verbrennen oder mit vergraben. Es könnte sein, dass das bei dir ähnliche Gefühle auslöst wie eine »echte« Beerdigung und ein wirklicher Trauerprozess angestoßen wird, der einige Zeit dauern kann. Und das darf er auch. Sein altes Ich loszulassen ist nicht einfach, denn es hängen ja nicht nur schlechte Erinnerungen daran, sondern auch viele schöne und glückliche Momente. Natürlich »sterben« diese nicht unbedingt mit ab, aber es braucht Raum und Zeit, um dieses alte Ich zu betrauern.

### *Wovon hast du als Kind geträumt?*

Setze dich wieder an einen Ort, der dir guttut und an dem du dich wohlfühlst. Nun spüre deinen Träumen nach, die du als Kind hattest. Was war dein erster Berufswunsch? Wo wolltest du leben? Hattest du Vorstellungen davon, wie du leben wolltest? Welche Qualität von Leben klingt in deinen Träumen aus Kindheitstagen an? Hast du davon etwas umgesetzt? Möchtest du noch etwas davon umsetzen? Und wie könnte das gehen?

Als ich vielleicht zwölf Jahre alt war, habe ich für den Deutschunterricht ein Hörspiel gestaltet. Darin erzählte ich von einem Mann, der alleine im Wald in einer Hütte lebt und nur von den Gaben der Natur lebt und von den dort lebenden (auch wilden) Tieren umgeben ist. Heute sieht mein Leben anders aus. Aber die tiefe Liebe zur Natur und die Liebe zu den Tieren ist mir geblieben. Ich genieße es heute sehr, wenn ich lange Spaziergänge machen kann, wenn ich Natur erleben darf und die Kraft, die in ihr steckt.

*Wer will ich sein?*

Setze dich wieder an einen Ort, an dem du dich wohlfühlst und wo du Raum und Zeit zum Nachdenken hast. Dann erinnere dich, als was du dich früher an Karneval oder Fasching verkleidet hast. War es der Indianer? Der Cowboy? Der Polizist? Die Prinzessin? Die Hexe? Als Kind hast du sicherlich nicht bewusst über deine Verkleidung nachgedacht, aber vielleicht hat sie ein Gefühl in dir ausgelöst. Überlege, warum du dir wohl dieses Kostüm ausgesucht hattest. Welche Sehnsucht beziehungsweise welcher Traum war damit wohl verbunden? War es die Freiheit, die dich am Indianer faszinierte? Das Reiten im Wilden Westen und das Kämpfen für das Gute, das dich zum Cowboy werden ließ?

Und als was verkleidest du dich heute gerne oder welches Kostüm würdest du gerne einmal tragen? Steckt dahinter vielleicht eine Seite von dir, eine Sehnsucht, die du noch nicht gelebt hast? Versuche, dem auf den Grund zu gehen.

## Gottes vergessene Sprache mit uns Menschen

Der Traum, den Gott vom Leben eines jeden Menschen hat, zeigt sich auch in den realen Träumen, die jeder Mensch in der Nacht hat. Früher hieß es immer: »Träume sind Schäume.« Mittlerweile weiß man nicht nur im geistlichen, sondern auch im psychologischen Bereich um die Wichtigkeit von Träumen. Sie können verschiedenste Funktionen erfüllen. In ihnen verarbeitet die Seele Erlebtes, zeigt Prozesse an, die in Gang gekommen sind, oder weist auf Themen hin, die den Menschen, wenn auch nur unbewusst, beschäftigen. Manchmal sind sie auch unmissverständlich und sagen einem Menschen ganz klar, welche Aufgabe er zu erledigen hat. In einem Buch las ich einmal, wie eine Frau beschrieb, dass ihr in einem Traum der Name eines Menschen genannt wurde, mit dem sie in Kontakt treten solle. Der Name dieses Menschen war ihr völlig unbekannt und umso erstaunter war sie, als sie im Telefonbuch tatsächlich diesen Namen und eine dazu passende Adresse fand. Aus diesem Kontakt ergab sich für den Lebensweg der Frau sehr fruchtbarer und förderlicher Kontakt.

In der Bibel gibt es viele Beispiele dafür, dass Gott oft in den Träumen mit den Menschen redet und ihnen ihren wirklichen Weg aufzeigt. Das reicht bis zu ganz konkreten Handlungsanweisungen, die Gott den Meschen gibt. Josef beispielsweise wurde im Traum von einem Engel aufgefordert, er solle Maria zu sich nehmen, obwohl er nicht der leibliche Vater von Jesus war. Genauso wird ihm im Traum geboten, nach Ägypten zu fliehen mit seiner Familie, um Jesus vor der Verfolgung durch Herodes zu schützen.

Wenn Träume auch als »Gottes vergessene Sprache mit den Menschen« bezeichnet werden, dann klingt darin an, dass uns heutigen Menschen oft nicht mehr bewusst ist, dass Gott im Traum einen Zugang zum Menschen sucht, dass er im Traum eine für ihr Leben und ihre Selbstwerdung wichtige Botschaft geben möchte.

Träume können vom Menschen nicht manipuliert werden. Sie ereignen sich, wenn man schläft. Ist im Wachbewusstsein der Mensch der Handelnde mit all den zur Vorsicht mahnenden und kontrollierenden Stimmen und Mustern, können dann diese wichtigen Botschaften aus der Seele aufsteigen und sich dem Träumenden mitteilen. Auch wenn Träume manchmal einen Menschen aufwühlen, ihn verunsichern oder Angst und Furcht erregen, so wollen sie doch immer zur Ganzheit verhelfen. Sie meinen es immer gut mit dem Menschen. Deshalb ist es wichtig, dass man den verschlüsselten Botschaften des Traumes auf den Grund geht – wenn sie nicht so klar sind wie die Handlungsanweisungen, die Josef erhält.

Eine verlässliche Deutung des Traumes braucht zunächst einmal die Einbeziehung des Träumenden, seiner Gefühle, seiner Lebensgeschichte und vor allem auch seiner eigenen inhaltlichen Deutung der auftauchenden Symbole. Selbstverständlich gibt es zu Träumen und ihrer Deutung viele Bücher und Informationen im Internet. C. G. Jung hat herausgefunden, dass es in der Menschheitsgeschichte Symbole und Zeichen gibt, die überall die gleiche Bedeutung haben, und dass die Deutung dieser Symbole und Zeichen unabhängig voneinander erfolgte. Daher können Traumlexika zu bestimmten Symbolen eine Anregung geben, aber die gesamte Deutung eines Traumes ist nicht ohne die Person des Träumers möglich. Jeder Traum folgt ja einer eigenen Regie und einem eigenen Handlungsablauf, der zutiefst durch den eigenen Weg, die eigenen Erlebnisse des Träumers geprägt ist.

Die folgenden Impulse möchten helfen, Träumen und ihrer Botschaft näher auf den Grund zu gehen und ihrer Bedeutung für die eigene Lebendigkeit auf die Spur zu kommen.

# Übungen

## *Schreibe deine Träume auf*

Ein erster Zugang zu Träumen ist das Aufschreiben dessen, was einem noch in Erinnerung ist nach dem Aufwachen. Da ist der Traum noch ganz lebendig und unverfälscht. Gerade in Zeiten von anstehenden Veränderungen träumen viele Menschen häufig und sehr eindrücklich. Am besten ist es daher, sich Papier und Stift auf den Nachttisch zu legen und tatsächlich ohne erst aufzustehen gleich zu notieren, was man geträumt hat – nicht nur morgens, sondern vielleicht auch mitten in der Nacht, wenn man aus einem Traum erwacht. Denn gerade dann nimmt man die Stimmung am deutlichsten wahr, in der man beim Aufwachen ist, beispielsweise glücklich oder traurig, erschreckt oder fröhlich. Auch der Beginn und der Schluss des Traumes können sehr aufschlussreich sein. Aus den Notizen auf dem Nachttisch kannst du so etwas wie ein Traumtagebuch gestalten: Lass hinter jeder Traumaufzeichnung ausreichend

Platz, um dort deine »wachen« Gedanken zum Traum notieren zu können. Wenn du magst, notiere dort beim Aufschreiben des Traumes Gedanken und Fragen, die dir zum Traum einfallen und denen du weiter nachgehen kannst, wenn du Ruhe und Zeit dafür hast:

Welche Motive, welche Traumsymbole kamen in meinem Traum vor und was fällt mir spontan dazu ein?

Welche Symbole kann ich eventuell in einem Traumlexikon nachschlagen, um mir für den weiteren Umgang mit dem Traum eine Anregung zu holen (zum Beispiel ein Kind, eine Mutter, ausgefallene Zähne oder das Herabstürzen von Türmen oder Ähnliches)?

Wie kann ich diese Traumsymbole für mich, für meine konkrete Lebenssituation deuten? Finde ich einen Anknüpfungspunkt? Dazu muss man manchmal ein bisschen »um die Ecke« denken und auf die Symbolebene gehen. Ein Kind kann dann beispielsweise für das Unverfälschte in mir stehen, für mein eigentliches Ich, aber auch für das Bedürfnis nach Schutz oder Begleitung.

Gibt es Motive, die immer wieder auftauchen in meinen Träumen? Was wollen sie mir sagen?

Welche Menschen tauchen (immer wieder) auf? Gibt es sie real? Wenn ja, welche Beziehung habe ich zu ihnen und was sagt mir der Traum über die Beziehung zu ihnen?

Welchen Aspekt meiner Persönlichkeit verkörpern Menschen im Traum, die mir unbekannt sind? Gilt es, an diesem Teil meiner Persönlichkeit zu arbeiten, ihn zu verabschieden, ihn neu in den Blick zu nehmen und zu entfalten oder ist es ein Aspekt von mir, den ich so noch gar nicht kenne?

Wenn du so deine Gedanken notierst, spürt deine Seele, dass du ihre Sprache ernstnimmst, dass du dich bemühst, sie zu verstehen. Hast du einen solchen Blick auf deine Träume geworfen, kannst du darauf vertrauen, dass deine Seele weiterarbeitet in dir und dich die nächsten richtigen und wichtigen Schritte führt.

Wenn du magst, kannst du in deinem Traumtagebuch auch Platz lassen, um Dinge oder Texte einzukleben, die dir helfen können, den Traum zu entschlüsseln oder an dem Gedanken, der sich darin gezeigt hat, weiterzudenken. So kannst du dir und dem, was in dir werden will, langsam auf die Spur kommen.

Geht dir ein Traum sehr lange nach, kommt er öfter wieder, kann das ein Hinweis sein, dass er intensiver und länger angeschaut werden möchte oder die Botschaft noch näher entschlüsselt und umgesetzt werden möchte. Dann kann es hilfreich sein, mit einem entsprechend ausgebildeten Therapeuten den Träumen intensiver auf die Spur zu kommen.

## *Mit dem Traum ins Gespräch kommen*

Lies dir deine Träume in deinem Traumtagebuch noch einmal genau durch und spüre, welche Figur, welches Detail dich am meisten berührt und beschäftigt. Mit ihm oder mit ihr kannst du nun ein Gespräch beginnen. Nimm dir ein Blatt Papier und einen Stift. Stell dir vor: Die Hand, mit der du normalerweise schreibst, das bist du in diesem Gespräch. Deine andere Hand ist die Person oder das Detail, das du dir ausgesucht hast.

Beginne nun das Gespräch, indem du – also die gewohnte Schreibhand – das Gegenüber begrüßt. Folge nun deinen Impulsen, die kommen, und notiere auch, was die andere Hand schreiben möchte. Das kann am Anfang ungewohnt sein, und die Schrift wird krakelig, aber das bessert sich mit der Zeit. Nimm wahr, wie sich das Gespräch entwickelt, welche Impulse, Botschaften kommen, welche Frage du stellen willst. Spüre, wann das Gespräch zu Ende ist, und verabschiede dich in liebevoller Aufmerksamkeit deinem Gesprächspartner und dir selbst gegenüber.

Lass dieses Gespräch noch ein wenig nachklingen und schau, ob sich dadurch Impulse für deinen Alltag ergeben, ob der Teil des Traums, den du jetzt besprochen hast, zeigt, was gerade in dir geschieht, oder ob es einen konkreten Auftrag gibt, der jetzt zu erfüllen ist.

Du kannst auch diese Gespräche in dein Traumtagebuch einkleben, denn oft brauchen Träume oder solche Gespräche einige Zeit, um zu wirken. Dann kannst du hier noch einmal nachlesen, was dir wichtig war, was dich beschäftig hat.

*Den Traum malen*

Eine weitere Möglichkeit ist, eine Szene aus einem deiner Träume auszuwählen, die dich besonders beschäftigt, und diese zu malen. Dabei musst du nicht detailgetreu alles so aufzeichnen, wie du es im Traum gesehen hast. Wichtiger ist, dass du den Gefühlen folgst, die du in diesem Traum beziehungsweise anschließend beim Aufwachen hattest. Nimm wahr, wie sich das Bild entwickelt, welche Farben du wählst, wie du welche Personen malst und gestaltest.

Ist das Bild fertig, schaue es dir in Ruhe an und überlege, welchen Titel du ihm geben würdest. Dann überlege dir folgende Fragen:

- Welches Gefühl, welche Stimmung ist nun da und wirkt in dir?
- Gibt es einen Ausschnitt in diesem Bild, der dich besonders anspricht? Wenn ja, warum?
- Welche Gedanken kommen dir spontan dazu?
- Welchen Bezug zum Alltag haben sie?
- Ergibt sich ein konkreter Handlungsimpuls daraus?

Du kannst jetzt wiederum ein Gespräch beginnen mit diesem Teil des Bildes beziehungsweise mit der Person, dem Detail, die dort zu sehen sind. Verfahre so wie oben beschrieben.

Wichtig ist zu wissen, dass sich nicht immer ein direkter Handlungsimpuls ergeben muss. Manche Träume zeigen »nur« an, was gerade in der Seele schon geschieht. Die Auseinandersetzung mit dem Traum vertieft dieses Geschehen dann, und macht es bewusster und zugänglicher.

Manchmal gibt es auch Traumserien, das heißt, man träumt mehrere Nächte hintereinander und die Träume behandeln ein Thema, das variiert wird, oder führen den Traum der vergangenen Nacht fort. Dann ergibt sich vielleicht erst im Lauf dieser Traumserie ihr tiefer Sinn und die Bedeutung für den Alltag des Träumers.

# Gedanken zum Schluss

Am Anfang dieses Buches stand die Idee, Wege aufzuzeigen, wie ein Mensch in der flexiblen, schnelllebigen Zeit, in der sich viele unbehaust und heimatlos fühlen, sein eigener Seelsorger und mitten im Alltag bei sich selbst zu Hause sein kann und für die eigene Seele und den eigenen Leib Sorge tragen kann. Als Grundton dieses Buches mag die Haltung durchklingen, sich selbst liebende Aufmerksamkeit zu schenken. Auf meinem eigenen Weg als Mönch und Benediktiner habe ich das immer wieder selbst erfahren. Und in meinem seelsorglichen Tun erlebe ich, wie gut das Menschen tut: das, was ist, liebend anzuschauen, mit dem, was ist – auch mit dem nicht Gelungenen – liebevoll und barmherzig umzugehen. Und den Blick auf eine lebendige Zukunft zu richten, darauf, was noch alles möglich ist.

Ich hoffe und wünsche mir, dass die Lektüre dieses Buches Ihnen geholfen hat, bei sich selbst anzukommen, zu Hause sein zu können. Die eine oder andere Übung mag geholfen haben, sich selbst mehr zu entdecken und tiefer zum eigenen Wesenskern durchzudringen. Der Weg zum eigenen Selbst hört jedoch niemals auf. Er geht immer weiter, solange wir auf unserem Lebensweg sind.

Wie schon erwähnt gibt es auf unserem Abteigelände ein Labyrinth. Es ist ein wunderbares Symbol für das Leben. Der Weg in einem Labyrinth führt immer zum Ziel. Auch wenn es unzählige Wendungen gibt. Auch wenn man nie weiß, was einen hinter der nächsten Kurve erwartet und welche Umwege notwendig sind. Das aber macht das Leben gerade so spannend. Und aufregend. Zugleich sind wir auf diesem Weg von Gottes liebender Gegenwart eingehüllt. Darin sind wir aufgehoben, geborgen und zu Hause – in aller Unbeständigkeit, bei allen notwendigen Umwegen, Veränderungen und in allem Unterwegssein. Dann bleibt mir am Ende nur noch eines zu sagen: »Willkommen zu Hause!«